U0549357

"法治化营商环境"研究文丛

反垄断法农业适用除外制度研究

邱隽思◎著

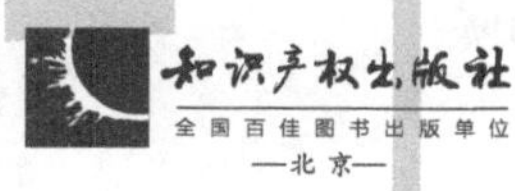

图书在版编目（CIP）数据

反垄断法农业适用除外制度研究 / 邱隽思著 . — 北京：知识产权出版社，2022.8
ISBN 978-7-5130-8205-1

Ⅰ.①反…　Ⅱ.①邱…　Ⅲ.①反垄断法—研究—中国②农业法—研究—中国
Ⅳ.① D922.294.4 ② D922.44

中国版本图书馆 CIP 数据核字（2022）第 098512 号

责任编辑： 刘　睿　邓　莹　　**责任校对：** 王　岩
封面设计： 杨杨工作室 · 张冀　　**责任印制：** 孙婷婷

反垄断法农业适用除外制度研究

邱隽思　著

出版发行： 知识产权出版社有限责任公司　　**网　　址：** http://www.ipph.cn
社　　址： 北京市海淀区气象路50号院　　**邮　　编：** 100081
责编电话： 010-82000860转8346　　**责编邮箱：** dengying@cnipr.com
发行电话： 010-82000860转8101/8102　　**发行传真：** 010-82000893/82005070/82000270
印　　刷： 北京建宏印刷有限公司　　**经　　销：** 新华书店、各大网上书店及相关专业书店
开　　本： 720mm × 1000mm　1/16　　**印　　张：** 13.5
版　　次： 2022年8月第1版　　**印　　次：** 2022年8月第1次印刷
字　　数： 200千字　　**定　　价：** 68.00元

ISBN 978-7-5130-8205-1

前　言

反垄断法农业适用除外制度是指在反垄断法的制定和实施过程中，基于对落实农业产业政策的现实需求，对农业生产者或消费者等弱势群体的倾斜性保护、对国家农业安全利益的维护等特殊考虑，将特定的农业市场主体和竞争行为排除在反垄断法调整范围之外的法律制度。反垄断法农业适用除外制度的构成要件主要包含主体要件和行为要件两部分内容。

反垄断法农业适用除外制度是在综合研判农业产业环境“上游弱、下游强”结构性特征的基础上，对农业产业发展中农业生产者、流通商、消费者以及社会公众等利益需求进行平衡、协调的结果，它划定了农业产业法和竞争法各自发挥作用的空间。一方面，通过农业产业法律制度，促进农业生产者的组织、协调和发展，提高其在农业产业链条中的议价能力，以此确保农产品以总量充分、价格稳定的形式在市场上进行供应；另一方面，通过农业竞争法律制度，促进农产品流通商开展有序竞争和优胜劣汰，并对其可能实施的限制竞争行为进行有效规制。

反垄断法农业适用除外制度的国外立法主要有以欧盟为代表的立法限制型，以美国为代表的判例限制型，以日本、韩国为代表的合作社型，以以色列为代表的主体扩张型四类。在主体要件上，除以色列将适用除外的主体扩张至农产品流通商之外，其他国家主要倾向于只赋予农业生产者及其联合组织适用除外地位；在行为要件上，多数国家倾向于只赋予垄断协议适用除外地位，但对农产品价格垄断协议是否属于适用除外的问题，各国立法差别较大。

反垄断法农业适用除外制度的主体要件解决的是哪些农业领域的市场主体享有适用除外资格的问题。应当主要赋予产业链条上游的农业生产者及其联合组织适用除外资格，而对产业链条下游从事农产品运输、批发、零售的流通商来说，不应赋予其适用除外资格。在我国，反垄断法农业适用除外制度的适格主体包括：个体农业生产者；由农民组成，以解决农业生产者集体需求或农村其他公共利益需求为主要职能的公共组织，包括农村集体经济组织、村民小组和农村基层群众性自治组织；主要由农业生产者投资设立的，以农业生产经营活动为主要业务，同时在落实国家农业产业政策方面具有一定公共职能的乡镇企业和乡村集体所有制企业。而国有农场、中国农业发展银行、中国农业银行、农村商业银行、村镇银行等，则不属于反垄断法适用除外的适格主体。至于农村合作经济组织与农业行业协会，这两类主体在实践中具有复杂性和多样性，应当具体问题具体分析：只有在其成员属性和内部组织符合“农业生产者联合组织”属性的前提下，才应当赋予其反垄断法适用除外资格。

反垄断法农业适用除外制度的行为要件解决的是哪些农业领域的竞争行为享有适用除外地位的问题。应当以垄断协议为适用除外的唯一适格行为，农业领域的滥用市场支配地位、经营者集中和行政性垄断均不适宜纳入反垄断法适用除外范畴。但是，对于农产品流通中的纵向限制协议是否属于适用除外适格行为的问题，应当具体问题具体分析。如果协议是下游农产品流通商利用相对优势地位缔结和实施的，则不应享有反垄断法适用除外地位；如果协议是上游农业生产者与下游农产品流通商共同参与缔结和实施的，则应当享有反垄断法适用除外地位。

《中华人民共和国反垄断法》（以下简称《反垄断法》）第 69 条对反垄断法农业适用除外制度进行了具体规定，但其具体范畴不甚清晰，尤其是该条使用了“农村经济组织”“联合或者协同行为”等词语，其内涵和外延都具有模糊性，这导致我国反垄断法农业适用除外制度的构成要件并不明确。实践中，执法者倾向于对第69条作扩张式解释，将其理解为“农业领域不适用《反垄断法》”，但又通过适用《中华人民共和国价格法》（以下简称《价格法》）第14条的形式，以查处价格违法行为的名义对农产品流通中的价格垄断进行规制，产生了“向《价格法》逃逸”现象。这使我国农产品流通市场的竞争执法呈现以下缺陷：对于价格垄断案件，执法者通过《价格法》第14条绕开了《反垄断法》第69条的限制，使实际执法效果十分严苛，有扰乱市场价格规律的嫌疑；而对于非价格垄断案件，却又由于执法者倾向于扩张解释《反垄断法》第69条的缘故，难以开展有效执法，导致对一些农产品流通商实施的限制竞争行为欠缺有效威慑。另外，由于我国的农业产业法规体系不够健全，未能有效扶持各类农业生产者联合组织，也未能有效培育高效率的农产品流通渠道，这导致反垄断法农业适用除外制度倾斜性保护农业生产者的既定目标难以有效实现。

我国反垄断法农业适用除外制度的修正应当注重产业法与竞争法的良性互动，应通过农业适用除外制度精准划分农业产业法和竞争法彼此发挥作用的空间：对于上游农业生产者及其竞争行为，应当主要交由产业法发挥扶持、保护之作用；而对于下游农产品流通商及其竞争行为，则应当主要交由竞争法发挥规范、限制之功能。在此基础上，我国反垄断法农业适用除外制度应从以下两个方面进行改进。

首先，应当对我国农业市场竞争法律制度进行整体改进。应当修正现行《反垄断法》第69条，将反垄断法农业适用除外制度的主体要件明确为“农业生产者及其联合组织”，将行为要件明确为“在农产品生产、加工、销售、运输、储存等经营活动中达成的协议、决定或者协同行为”，并单独设置第二款对农业生产者联合组织的内涵和外延作出明确说明。在此基础上，应当通过制定执法指南和相关主管部门协作的形式，健全农业领域反垄断执法机制；并通过识别农产品流通领域限制竞争行为基本表现和危害的形式，明确农业领域反垄断执法的实施重点；还应废除《价格法》第14条，改变农产品流通市场竞争执法中存在的“向《价格法》逃逸”现象，并在此基础上健全农产品价格水平的监测与调节制度，确保农产品价格水平的整体稳定。

其次，应当对我国农业产业法规体系进行配套改革。其一，应当修正和完善《中华人民共和国农业法》（以下简称《农业法》）第四章关于农产品流通的法律保障制度，并对我国农产品流通市场的行政管理制度开展公平竞争审查。其二，应当健全我国农业生产者联合组织的法律体系，尽快制定“农村集体经济组织法”，在《中华人民共和国农民专业合作社法》（以下简称《农民专业合作社法》）框架基础上制定“合作经济组织法”，并对现实中针对各类农业生产者联合组织的政府扶持措施进行调整和完善。

目　录

绪　论 /1

一、研究背景与意义 /1
二、基础概念界定：反垄断法适用除外制度 /4
三、研究内容与基本思路 /9
四、研究现状与文献综述 /11
五、研究方法与创新点 /21

第一章　反垄断法农业适用除外制度的概念界定与构成要件 /23

第一节　反垄断法农业适用除外制度的概念界定与价值取向 /23
一、反垄断法农业适用除外制度的概念界定 /23
二、反垄断法农业适用除外制度的价值取向 /27

第二节 反垄断法农业适用除外制度的构成要件 /36
一、反垄断法农业适用除外制度构成要件的基本内容 /36
二、反垄断法农业适用除外制度的主体要件 /41
三、反垄断法农业适用除外制度的行为要件 /44

本章小结 /46

第二章 反垄断法农业适用除外制度的国内外比较研究 /49

第一节 国外反垄断法农业适用除外制度的基本类型 /49
一、欧盟：立法限制型的农业适用除外制度 /50
二、美国：判例限制型的农业适用除外制度 /53
三、日本、韩国：依托于合作社的农业适用除外制度 /57
四、以色列：主体扩张型的农业适用除外制度 /60

第二节 中国反垄断法农业适用除外制度的立法及实践 /62
一、《反垄断法》第 69 条的立法特征 /62
二、《反垄断法》第 69 条的法律解释 /64
三、《反垄断法》第 69 条的实施状况 /74

第三节 反垄断法农业适用除外制度的国内外对比与反思 /82
一、反垄断法农业适用除外制度的国内外对比 /82
二、对我国反垄断法农业适用除外制度的反思 /84

本章小结 /89

第三章　**中国反垄断法农业适用除外制度的主体要件研究 /91**

第一节　中国反垄断法农业适用除外制度主体要件的基本界定 /92

一、中国反垄断法农业适用除外制度的当然适格主体 /93

二、中国反垄断法农业适用除外制度的当然不适格主体 /95

三、中国反垄断法农业适用除外制度的或然适格主体 /99

第二节　特殊农业市场主体的反垄断法适用除外资格分析（一）：农村合作经济组织 /106

一、农民专业合作社的反垄断法适用除外资格研究 /106

二、农村信用合作社的反垄断法适用除外资格研究 /116

三、农村供销合作社的反垄断法适用除外资格研究 /122

第三节　特殊农业市场主体的反垄断法适用除外资格分析（二）：农业行业协会 /123

一、农业行业协会的基本界定及对市场竞争的影响 /123

二、农业行业协会的反垄断法适用除外资格思辨 /127

本章小结 /131

第四章　**中国反垄断法农业适用除外制度的行为要件研究 /135**

第一节　中国反垄断法农业适用除外制度行为要件的基本界定 /135

一、垄断协议：中国反垄断法农业适用除外制度的唯一适格行为 /135

二、特殊垄断协议的反垄断法适用除外地位之思辨 /138

第二节 特殊农业竞争行为的反垄断法适用除外地位分析（一）：农产品价格卡特尔 /140

一、农产品价格卡特尔的基本界定及对市场竞争的影响 /140

二、我国农产品价格卡特尔的反垄断法适用除外地位辨析 /141

第三节 特殊农业竞争行为的反垄断法适用除外地位分析（二）：农产品流通中的纵向限制 /147

一、一般纵向限制协议的反垄断法适用除外地位思辨 /147

二、对农产品流通商滥用相对优势地位实施纵向限制的特别分析 /149

本章小结 /161

第五章 中国反垄断法农业适用除外制度的改进研究 /163

第一节 反垄断法农业适用除外制度改进的指导思想：产业法与竞争法之良性互动 /164

一、产业法与竞争法互动的基本理论阐释 /164

二、产业法与竞争法的功能错位：我国反垄断法农业适用除外制度的实施缺憾 /166

三、产业法与竞争法的功能耦合：我国反垄断法农业适用除外制度的改进目标 /169

第二节　我国农业市场竞争法律制度的具体改进 /172
一、农产品流通市场竞争秩序的维护与《反垄断法》的改进 /172
二、农产品价格竞争的规制与《价格法》的改进 /178

第三节　我国农业产业法规体系的配套改革 /183
一、高效率的农产品流通渠道培育制度之完善 /183
二、多样化的农业生产者联合组织扶持制度之构建 /186

本章小结 /191

结　语 /193

参考文献 /197

绪　论

一、研究背景与意义

反垄断法适用除外制度是在反垄断法的制定和实施过程中，基于维护社会公共利益、特殊的经济管制需求、落实国家产业政策等方面的特殊考虑，将特定社会经济领域或产业部门排除在反垄断法调整范围之外的法律制度。2022年8月1日，经修正后的《中华人民共和国反垄断法》（以下简称《反垄断法》）正式开始施行，该法第69条规定："农业生产者及农村经济组织在农产品生产、加工、销售、运输、储存等经营活动中实施的联合或者协同行为，不适用本法。"该条规定来源于原《反垄断法》第56条，新旧规定并无任何区别。由于该条采用了极为笼统的语言对农业适用除外制度进行界定，部分词语如"农村经济组织""联合或者协同行为"等，其具体内涵并不十分清晰；实践中，也未见与《反垄断法》有关的司法解释、实施细则或指南对该条的具体规则进一步予以明确或解释，这导致我国的反垄断法农业适用除外制度具体范围并不明确。

自2008年《反垄断法》实施以来，我国农业市场上的竞争环境整体稳定，但亦存在农产品流通市场上的垄断协议、滥用市场支配地位等限制竞争行为。由于农业生产经营活动所固有的脆弱性，农业生产者的经济能力和协作程度较低、抗风险能力较低，对下游经营者所提供的农产品流通渠道的依赖性较强，农业产业环境呈现明显的“上游弱、下游强”的结构性特征。这种特殊的结构性特征使农产品流通商更易于通过实施纵向垄断协议或滥用市场支配地位的形式，对农业生产者进行高价盘剥。尤其是2010年以来，统计数据显示，我国几乎每年都呈现初级农产品价格涨幅高于食品价格涨幅，而食品价格涨幅又高于CPI（居民消费物价指数）涨幅的规律，[1]这表明，在农业生产经营活动中，农业生产者由于议价能力低，并不能真实地享受到农产品价格上涨所带来的利益，农民收入近年来未得到实质性改善，[2]农业生产的增量收益主要由下游经销商所攫取。[3]不断高企的农产品价格甚至在民间衍生出诸如“蒜你狠”“姜你军”“豆你玩”等调侃词语。在2019年秋冬两季，我国更是暴发了由于猪肉价格连续上涨而产生的多种农产品价格飙升事件，一时之间成为甚嚣尘上的重要民生话题。

对于上述现象，针对农产品流通渠道的限制竞争行为，反垄断执法机构近年来开展了一定程度的有效执法，如2010年出台了《关于加强农产品市场监管维护正常市场秩序的紧急通知》（发改价检〔2010〕1137号），对农产品流通市场的公平竞争、价格稳定等问题予以规制。针对2009～2010年农产品市场竞争秩序混乱、价格波动的情况，国家发展和改革委员会（以下简称“国家发改委”）集中开展了农产品市场的价格执法，并公开披露了如吉林玉米中心批发市场有限公司串通涨价案、河南省中牟县冷藏保鲜协会统一大蒜冷藏收费标准案、广州市大鹏物流2号仓西一库某经销商

[1] 于左：“中国农产品价格过快上涨的垄断因素与公共政策”，载《中国价格监管与反垄断》2014年第5期。

[2] 战英杰、申秋红：“影响我国农民收入的因子分析”，载《东北农业大学学报》2010年第4期。

[3] 李亮国：“农业反垄断法适用除外的农产品经营活动研究”，载《改革与战略》2017年第6期。

哄抬绿豆价格案等重要案件的执法情况，[1]对农产品流通市场中的价格垄断协议和滥用市场支配地位实施不正当高价的行为开展了有效打击。而在2019年秋冬两季，针对当时的猪肉价格上涨情况，国家市场监督管理总局（以下简称"国家市场监管总局"）召集12家生猪及猪肉生产流通企业，召开了提醒告诫会，要求其规范市场价格行为，不得相互串通、操纵市场价格。[2]

但是，颇具意味的是，上述这些涉及农产品流通市场垄断案的规范性文件或执法案例，其执法依据均为《价格法》和国家发改委《价格违法行为行政处罚规定》，未见到直接依据《反垄断法》予以执法的情况。换言之，执法机构对此类违法行为的定性为"价格违法行为"，而非"价格垄断行为"。之所以出现这一情形，是因为《反垄断法》第69条规定的农业适用除外制度具体范围模糊不清，给人一种"农业整体都不适用《反垄断法》"的错觉，给执法机构正当开展农业领域的反垄断执法制造了不便。

由此可见，《反垄断法》第69条对农业适用除外制度具体范围规定的不清晰一定程度上限制了农业领域反垄断执法的正当开展。从农业市场的产业环境来看，基于农业生产经营活动与产业政策、公共产品、国家安全等方面密切的相关性，其确实有必要一定程度纳入反垄断法适用除外制度的范畴，从而为国家针对农业的产业管制发挥作用预留空间。但这并不意味着农业整体都不适用《反垄断法》，而是仍有必要进行适度的区分，有效厘定农业竞争法和农业产业法彼此的适用空间。

如今，《反垄断法》刚刚完成修正，但对有关反垄断法农业适用除外制度的规定一字未改。这一现象表明，当前对于反垄断法农业适用除外制

---

[1] 有关此类案件的进一步介绍可参见"国家发展改革委、商务部、国家工商总局有关负责人就加强农产品市场监管工作答记者问"，载http：//www.ndrc.gov.cn/zcfb/jd/201007/t20100701_503265.html，2020年2月1日最后访问。

[2] "市场监管总局召集12家生猪及猪肉生产流通企业召开提醒告诫会，要求规范市场价格行为"，载http：//www.samr.gov.cn/jjj/jgjg/201909/t20190918_306848.html，2020年2月1日最后访问。

度实施过程中存在的缺憾、改进的必要性等问题的关注度不足。因此，在这一关键的时点，有必要对反垄断法农业适用除外制度的内涵、功能、构成要件、实施方式开展深入研究，从而形成一个将来针对《反垄断法》第69条的系统性完善建议，为农业领域反垄断执法地有效展开提供法律制度支撑。

二、基础概念界定：反垄断法适用除外制度

（一）反垄断法适用除外与适用豁免的概念关系

适用除外制度是各国反垄断法均存在的一个常见制度设计，它是由反垄断法的调整范围所延伸出的一个问题。一般来说，任何一个国家的反垄断法在规定其适用范围时，均需要明确两个特殊问题：一是反垄断法是否对国外的市场竞争予以调整的问题，即尽管一个行为发生于国外市场，但对国内市场产生了实际的限制竞争效果，此时是否也能受国内反垄断法的管辖，该问题通常通过反垄断法域外适用制度予以明确[1]；二是反垄断法在国内的适用范围问题，即基于一些公共利益、产业政策、知识产权保护等的特殊考虑，反垄断法会将一些特定的社会领域、产业部门排除在适用范围之外，不受反垄断法的管辖，这即是反垄断法适用除外制度。

在反垄断法适用除外制度的相关讨论中，经常与之相提并论的另一个词是反垄断法的适用豁免制度。二者名称相近，具体内涵与功能也存在相似之处。对于二者的关系，学界主要存在以下三种理论分歧。

观点一为“同一说”。该观点认为反垄断法适用除外与适用豁免制度没有区别，属于同一种制度的两种不同称呼，两个概念没有必要作出区

[1] 王晓晔:《反垄断法》，法律出版社 2011 年版，第 383 页。

分，在实践中也可直接混用。[1]

观点二为“折中说”。该观点认为虽然在理论上有必要承认二者的内涵差别，但又主张在现实中作这种严格的区分并不十分必要，应一定程度上允许将两个概念通用。[2]持有类似观点的一个十分重要的依据是：即使在欧美发达国家，对“适用除外”（exception）和“适用豁免”（exemption）相关词语的使用，也并未泾渭分明，而是时有混同。在美国，在论及反垄断法的适用范围时，经常会“exception”“exclusion”“exemption”“immunity”四个词混用，对两类制度不作区分；在欧盟，虽然反垄断法的豁免问题对应“exemption”，适用除外问题对应“exception”，但“这种指代也不是固定的，要根据作者行文的内容和语言使用习惯来辨别”。[3]

观点三为“区别说”。该观点更倾向于严格区分二者，认为反垄断法的适用除外和适用豁免在内涵、功能、具体制度上均存在明显差别。这类观点区分两个制度的主要标准是：只有反垄断法适用除外制度处理的是反垄断法的适用范围问题，即将特定社会领域或产业部门排除在反垄断法调整对象之外；而适用豁免是对本属于反垄断法调整范围之内的行为，经过合理原则的审视之后，令其免于追究的一类制度。[4]这种区分也符合

---

[1] 持此观点的代表性论述有：孙晋：“反垄断法适用除外制度构建与政策性垄断的合理界定”，载《法学评论》2003年第3期；林燕平：“反垄断法中的适用除外制度比较”，载《法学》1997年第11期；孔祥俊：《反垄断法原理》，中国法制出版社2001年版，第658页；朱慈蕴：“反思反垄断：我国应当建立温和型的反垄断制度”，载《清华大学学报（哲学社会科学版）》2003年第2期。

[2] 持此观点的代表性论述有：种明钊主编：《竞争法（第2版）》，法律出版社2009年版，第237页；史际春，杨子蛟：“反垄断法适用除外制度的理论和实践依据”，载《学海》2006年第1期。

[3] 黄进喜：《反垄断法适用除外与豁免制度研究——以产业政策与竞争政策的冲突与协调为视角》，厦门大学出版社2014年版，第46页。

[4] 持此观点的代表性论述有：刘桂清：《反垄断法中的产业政策与竞争政策》，北京大学出版社2010年版，第54页；许光耀：“合法垄断、适用除外与豁免”，见王艳林主编：《竞争法评论（第一卷）》，中国政法大学出版社2005年版；段宏磊：“中国反垄断法适用除外的系统解释与规范再造”，载《社会科学》2018年第3期；王先林：“论联合限制竞争行为的法律规制”，载《法商研究》2004年第5期。

联合国贸易和发展会议（UNCTAD）相关文献的基本界定，即适用除外（exception）制度是指“排除或不适用竞争法”，而适用豁免（exemption）制度是指“免除竞争法的责任”。[1]

本书对反垄断法适用除外制度概念的分析是建立在上述观点三的基础上的，即倾向于严格区分适用除外与适用豁免制度。尽管适用除外与适用豁免“都是对一定的垄断现象予以承认、容忍或者保护，但适用两种制度的条件、程序、形式、效力、规制方法上并不完全一致，所体现的价值追求与目的也不完全一致”。[2] 但从基本内涵上而言，反垄断法适用除外制度意味着特定的社会经济领域或产业部门根本不在反垄断法的调整范围之内；而适用豁免则有“网开一面”的意思，“豁免”并不是指相应行为不受反垄断法的调整，而是适用反垄断法的结果，即对违反反垄断法的行为，应参考一定标准衡量其是否具有正当理由或是否具有经济上的合理性，如果行为有正当理由，或行为产生的积极效果大于消极效果，则认为这种限制竞争行为不应予以禁止，反之则应禁止。[3] 依照上述标准，反垄断法适用除外制度是一种绝对不适用、当然不适用的状态，它无须另行由反垄断主管机构进行审查，即可获得法定的适用除外地位；而反垄断法适用豁免制度则是一种相对不适用、或然不适用的状态，它仍需由反垄断主管机构按照合理原则予以审查，才可获得豁免地位。[4] 正是由于二者的上述区别，也有学者将反垄断法适用除外制度称为反垄断法的“法定豁免”制度，而适用豁免制度则被称为反垄断法的“酌定豁免”制度。[5]

---

[1] R. Shyam Khemani. Application of Competition Law: Exemptions and Exceptions, New York and Geneva: UNCTAD/DITC/CLP/Misc.25, 2002, 1.

[2] 刘桂清:《反垄断法中的产业政策与竞争政策》，北京大学出版社 2010 年版，第 54 页。

[3] 许光耀:“合法垄断、适用除外与豁免”，见王艳林主编《竞争法评论（第一卷）》，中国政法大学出版社 2005 年版。

[4] 段宏磊:“中国反垄断法适用除外的系统解释与规范再造”，载《社会科学》2018年第3期。

[5] 钟刚:《反垄断法豁免制度研究》，北京大学出版社 2010 年版，第 105–107 页。

（二）本书对反垄断法适用除外制度概念的界定

基于严格区分反垄断法适用除外与适用豁免制度的目的，本书将反垄断法适用除外制度的概念界定为：在反垄断法的制定和实施过程中，基于对维护社会公共利益、特殊的经济管制体制、平衡反垄断法与其他法律的关系、落实国家产业政策等方面的特殊考虑，将特定社会经济领域或产业部门排除在反垄断法调整范围之外的法律制度。在这一概念界定的基础上，与适用豁免制度相比，反垄断法适用除外制度具有以下三个方面的特征。

其一，法律性质和适用根据的特殊性。反垄断法适用除外制度用来处理反垄断法的调整范围问题，而适用豁免制度则不然。基于在社会公共利益、经济管制性因素、知识产权保护、落实产业政策等方面的考虑，一国的反垄断法会主动在某些社会经济领域或产业部门为其他政策、法律的实施让渡空间，从而适度压缩反垄断法的调整范围，这"既是对反垄断法价值目标的合理背离，又是对反垄断法局限的克服"。[1]毕竟反垄断法所维护的自由竞争秩序并非适合解决社会经济运行中的所有公共问题，在符合法律或政策特定考量的情况下，令一些特殊领域适用比市场竞争秩序更为有效的公共管制手段，可能会更有利于目标的实现。比如，军工国防产业提供的产品，虽也在一定程度上具有市场经济的商品属性，但它们更重要的价值是一种确保国家安全的公共物品，在这一领域，对有效竞争的维护就显然不如国家的高度管制更有效，此时，就有必要令军工国防产业免于反垄断法的调整。而反垄断法豁免制度则不然，豁免本身并不意味着相应行为不受反垄断法的调整，而是反垄断法调整的结果。换言之，如果说适用除外制度设置的根据是对反垄断法以外其他法律或政策的考量，那么适用豁免制度的根据本身即是"内置"于反垄断法的。在当代反垄断法的实施过程中，除了几类特殊的限制竞争行为适用本身违法原则以外，多数情

[1] 种明钊主编:《竞争法（第2版）》，法律出版社2009年版，第236页。

形都需要评估各类行为的经济效果和经济合理性，在这一审查过程中，如果特定的限制竞争行为的实施具有正当理由，或者其对市场竞争的积极效果大于负面效果，则没有必要予以追究，此时就可以说该行为被反垄断法“豁免”了。

其二，适用条件和具体程序的特殊性。反垄断法适用除外制度的具体范围通常具有确定性，即以较为明确的法律规范规定于反垄断法的文本中；有些情况下，还会以特别规定的形式明确于反垄断法以外的其他法律、法规甚至政府颁发的命令中。[1]但不管何种形式，适用除外的适用条件是较为明确的，一旦某类市场竞争行为被明确处于适用除外的范围之内，则无须另行经过任何法律程序，自始享有适用除外资格，即“绝对不适用”“当然不适用”。与之相对比，适用豁免制度的范围不具有确定性，它通常是“一事一议”的。[2]一个限制竞争行为是否能够得到豁免，通常需要反垄断主管机关在针对该行为的具体审查程序中，依据合理原则进行个案判断，即“相对不适用”“或然不适用”。

其三，具体内容和发展趋势的特殊性。反垄断法适用除外制度的具体内容通常指向于特定的社会经济领域或产业部门；而适用豁免制度的具体内容则体现为反垄断法对不同限制竞争行为所规定的豁免条件。具体到我国《反垄断法》的制度设计来看，反垄断法适用除外制度与适用豁免制度分别对应不同的法律条文。我国《反垄断法》中体现适用豁免制度的法律条文主要有：一是《反垄断法》第20条对垄断协议豁免的规定；二是第22条第2～6项规定的滥用市场支配地位的行为，但有正当理由的情形；三是依照第34条规定的标准，准予实施经营者集中的情形。而能直接体现适用除外制度的法律条文主要有第68条对知识产权适用除外的规定，以及第69条对农业适用除外的规定。两类制度具体内容的不同也

[1] 段宏磊：“中国反垄断法适用除外的系统解释与规范再造”，载《社会科学》2018年第3期。

[2] 黄进喜：《反垄断法适用除外与豁免制度研究——以产业政策与竞争政策的冲突与协调为视角》，厦门大学出版社2014年版，第51页。

决定了其发展趋势的迥然差异：伴随着社会经济的深入发展、科学技术的进步、经济体制的改革，一些曾经被国家施加高度管制、不适用竞争机制的产业，越来越多地进行了市场化改革，在这一过程中，反垄断法的调整范围逐渐扩张，反垄断法适用除外的范围呈现不断缩小的趋势。[1]这一现象在 20 世纪 70 年代欧美国家开始的“放松管制运动”中体现得尤为明显。[2]而适用豁免制度则完全相反，它其实呈现扩张的趋势：伴随着对反垄断法领域中各类限制竞争行为经济分析研究的深入，原来一些被认为具有显著排除、限制竞争效果的行为，其正当理由或有利于竞争的一面被逐渐发掘，反垄断法本身违法原则适用的空间逐渐被压缩，合理原则适用的余地显著扩大。[3]这实际上意味着，与过去相比，同样一类限制竞争行为被反垄断法豁免的可能性其实更大了。

三、研究内容与基本思路

本书以反垄断法农业适用除外制度为研究对象，对该制度的基本内涵、功能定位、构成要件、国内外立法、实施现状与缺陷等开展研究，并最终形成一个我国反垄断法农业适用除外制度的系统性改进方案。本书所遵循的基本思路是：首先，对反垄断法农业适用除外制度的一般理论开展研究，为后文的分析奠定理论基础；其次，对国内外反垄断法农业适用除外制度的立法和实施状况开展比较研究，分析我国反垄断法农业适用除外制度与国外典型立法例的异同；再次，则针对反垄断法农业适用除外制度的两大核心构成要件——主体要件与行为要件开展分述，分别探讨一些特

---

[1] 刘桂清：《反垄断法中的产业政策与竞争政策》，北京大学出版社 2010 年版，第 64 页。

[2] ［美］霍温坎普：《联邦反托拉斯政策：竞争法律及其实践（第三版）》，许光耀、江山、王晨译，法律出版社 2009 年版，第 783 页。

[3] ［美］霍温坎普：《联邦反托拉斯政策：竞争法律及其实践（第三版）》，许光耀、江山、王晨译，法律出版社 2009 年版，第 278 页。

殊的农业市场主体或农业市场竞争行为的适用除外地位；最后，在前述分析的基础上，系统性地探讨我国反垄断法农业适用除外制度的具体改进方案。亦即，本书遵循的是一个“总论研究—现状研究—分论研究—改进研究”的基本逻辑脉络。

依照上述研究内容和基本思路，本书主要由以下五个部分构成。

第一部分是“反垄断法农业适用除外制度的概念界定与构成要件”，它属于基础理论研究。此部分内容将探讨反垄断法农业适用除外制度的基本内涵、制度特性、价值取向和构成要件，为后文各部分内容的分析奠定理论基础。

第二部分是“反垄断法农业适用除外制度的国内外比较研究”，它属于立法现状研究。此部分内容将对全球反垄断法农业适用除外制度立法的典型立法例开展比较研究，综合对比欧盟、美国、日本、韩国、以色列和中国反垄断法农业适用除外制度的立法情况及实施效果，并在此基础上分析域外制度对我国的启示和反思。

第三部分、第四部分属于反垄断法农业适用除外制度的“分论”，这两部分内容分别对中国反垄断法农业适用除外制度的主体要件和行为要件开展探讨。第三部分为“中国反垄断法农业适用除外制度的主体要件研究”，致力于界定我国反垄断法农业适用除外制度的主体范畴，并对一些特殊农业市场主体是否具有适用除外主体资格的问题开展专门研究，如农村合作经济组织、农业行业协会等。第四部分是“中国反垄断法农业适用除外制度的行为要件研究”，致力于界定我国反垄断法农业适用除外制度的行为要件，并对一些特殊性、复杂性的农业市场竞争行为，如农产品价格卡特尔、农产品流通纵向限制协议，分别讨论其是否应赋予反垄断法适用除外地位。

第五部分是“中国反垄断法农业适用除外制度的改进研究”，它属于立法改进研究。即在前文分析的基础上，系统性地探讨我国反垄断法农业适用除外制度的改进方案，这既包括《反垄断法》相关立法与实施机制的改进，又包括《价格法》《农业法》《农民专业合作社法》等关联制度的配套完善。通过相关分析，本部分内容旨在为我国反垄断法农业适用除外制度的改进提供一个体系化的政策实施建议，从而促进我国农业领域竞争秩序的有效维护与产业发展。

通过图 0–1，可以对本书的基本研究思路和研究内容有一个框架性的整体了解。

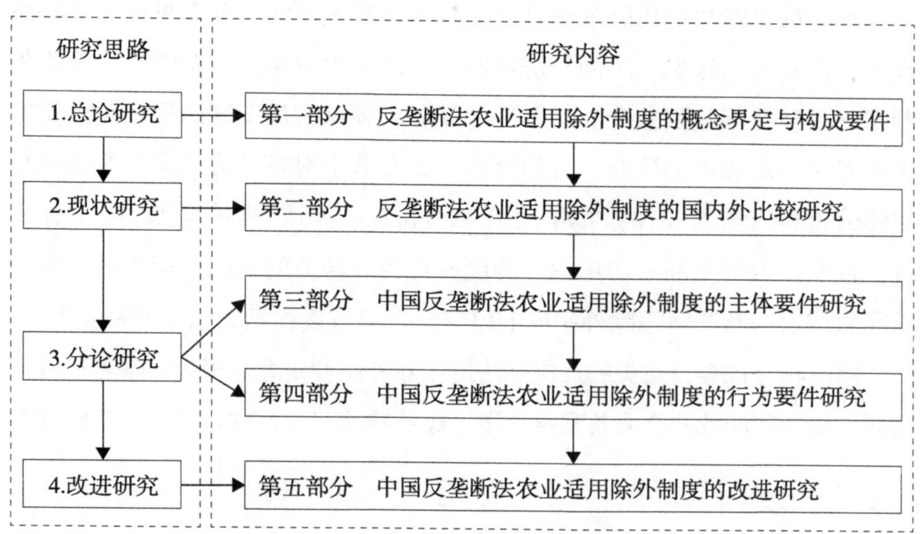

图 0–1　本书的基本研究思路与研究内容

四、研究现状与文献综述

目前，国内外学界有关反垄断法农业适用除外制度的相关研究主要涉及三个方面：一是有关反垄断法适用除外制度的一般研究，在这部分研究中，学界既关注农业领域的适用除外问题，也关注其他领域，如知识产权、国有企业、自然垄断产业等领域的适用除外制度；二是有关农产品销售活动的产业环境、市场竞争状况的研究，在这部分研究中，学界注重分析不同的农产品流通模式对市场竞争的具体影响，并据此为农业领域竞争政策的适用提供改进意见；三是有关农业领域反垄断法适用问题的专门研究，这部分研究主要集中于反垄断执法的边界问题，即探讨如何在不属于反垄断法适用除外的农业领域内开展有效反垄断执法，确保农业产业政策与竞争政策的有效平衡。总体而言，上述第一方面、第三方面的研究主要集中于法学领域，第二方面的研究则主要集中于经济学、管理学领域。

（一）有关反垄断法适用除外制度一般问题的研究综述*

尽管反垄断法适用除外制度是多数国家反垄断法十分常见的一类制度设计，但在不同法域、不同经济体制、不同历史时期，反垄断法适用除外制度的具体范围差别极大。国内外学界对各领域的反垄断法适用除外制度均开展了一定程度的研究，有的倾向于在专著中对各类适用除外制度进行整体分析和梳理[1]；有的则倾向于单独分析某一类适用除外制度[2]。总体而言，依照设置反垄断法适用除外制度的理由和功能的不同，国内外学界对不同领域反垄断法适用除外制度的研究，主要可以概括为以下四种类型。

第一种是社会公益类的反垄断法适用除外制度研究。国内外学者通常均认同：在一些涉及社会公共利益的国民经济特殊产业，或者是在一些特殊的

---

* 本部分内容主要总结梳理了学界对反垄断法适用除外制度具体类型和范围的讨论，有关反垄断法适用除外制度概念、性质的研究综述，可参见前文有关反垄断法适用除外制度概念界定部分的相关论述。

[1] 对各类反垄断法适用除外制度进行整体分析的代表性论著有：钟刚：《反垄断法豁免制度研究》，北京大学出版社 2010 年版；黄进喜：《反垄断法适用除外与豁免制度研究——以产业政策与竞争政策的冲突与协调为视角》，厦门大学出版社 2014 年版；R. Shyam Khemani. Application of Competition Law：Exemptions and Exceptions，New York and Geneva：UNCTAD/DITC/CLP/Misc.25，2002.

[2] 比如对知识产权反垄断法适用除外制度的专门研究，可参见王晓晔："知识产权滥用行为的反垄断法规制"，载《法学》2004 年第 3 期；对工会反垄断法适用除外制度的专门研究，可参见江玉蓉："工会垄断需要反垄断法规制吗？——以反垄断法的适用为视角"，载《经济法学评论》2017 年第 2 期。在这类研究范式中，对反垄断法农业适用除外制度的专门研究亦数量众多，具有代表性的论述可参见时建中，钟刚："试析反垄断法农业豁免制度——兼论我国《反垄断法》第五十六条"，载《财贸研究》2008 年第 2 期；David P. Claibome. The Perils of the Capper-Volstead and Its Judicial Treatment：Agricultural Cooperation and Integrated Farming Operations. Willamette Law Review，VOL.38，2002；Donald A. Frederick. Antitrust Status of Farmer Cooperatives：The Story of the Capper-Volsted Act . *Cooperative Information Report* 59，2002（9）.

历史时期，可能需要适度排除市场竞争，以国家授予特许经营权的形式，故意以垄断化的状态开展经营活动。比如，有代表性观点认为，即使允许自然垄断产业开展市场竞争，其最终的结果也必然是垄断，此时，赋予此类产业一定的反垄断法适用除外地位就是正当的。[1]还有学者通过对反垄断法适用的历史演变状况进行研究，认为国家在经济衰退时期，会更倾向于通过对市场的强力干预振兴经济，此时就可能会人为扶持一些垄断性产业发展，故意扩张反垄断法适用除外的范围。这一现象在美国为应对1929~1933年经济危机的罗斯福新政时期，"二战"后的日本、欧洲经济复兴时期，以及我国在2008年国际金融危机时期次经济刺激措施中，均有不同程度的体现。[2]

第二种是公共管制类的反垄断法适用除外制度研究。不同国家都会对一些市场上的特殊产业施加有别于一般产业的公共管制，这些公共管制可能与一般的竞争政策存在一定矛盾，为了保证这些政策的有效实施，就有必要将一些产业排除在反垄断法的调整范围之外。但是，国内外学者均认同，伴随着社会经济的深入发展、科学技术的进步、经济体制的改革，一些曾经被国家施加高度管制、不适用竞争机制的产业，越来越多地进行了市场化改革，在这一过程中，反垄断法的调整范围逐渐扩张，反垄断法适用除外的范围呈现不断缩小的趋势。[3]而在国内研究中，针对此类适用除外制度的一个知名的学术争论便是《反垄断法》第8条所规定的"国有经济占控制地位的关系国民经济命脉和国家安全的行业以及依法实行专营专卖的行业"的性质问题。有部分学者认为《反垄断法》第8条的规定亦属

---

[1] 刘大洪、谢琴："自然垄断行业改革研究——从自然垄断行业是否为合理垄断的角度出发"，载《法学论坛》2004年第4期。

[2] 应品广："经济衰退时期的竞争政策：历史考察与制度选择"，见顾功耘、罗培新主编：《经济法前沿问题（2011）》，北京大学出版社2011年版。

[3] 持此观点的代表性论述有：[美]霍温坎普：《联邦反托拉斯政策：竞争法律及其实践（第三版）》，许光耀、江山、王晨译，法律出版社2009年版，第783页；刘桂清：《反垄断法中的产业政策与竞争政策》，北京大学出版社2010年版，第64页；段宏磊："中国反垄断法适用除外的系统解释与规范再造"，载《社会科学》2018年第3期。

于反垄断法适用除外制度[1]，但亦有观点表示反对[2]。

第三种是法益衡平类的反垄断法适用除外制度研究。在有些情况下，基于尊重与维护反垄断法以外的其他法律制度之法益的目的，可能需要适度限缩反垄断法的适用空间，从而产生适用除外制度。最常见的情形有二：一是知识产权适用除外制度，学界通说认为，与反垄断法通过禁止限制竞争行为来推动竞争相比，知识产权法则是通过保护权利人某些垄断性质的智力成果专有权的形式，以此激发人们在知识经济领域开展有效竞争；[3]二是劳动者参加工会和缔结劳动合同的适用除外制度。工会在缔结集体劳动合同、组织劳动者谈判等方面所实施的卡特尔有利于提高劳动者的议价能力和保护力度，为了衡平劳动者保护与维持竞争秩序两项法益，1914年《美国克莱顿法》和1935年《美国劳工关系法》均将工会及其活动排除在反垄断法的适用范围之外。[4]美国学者认为，工会和劳动者集体谈判协议几乎是美国最稳固、最重要的一类反垄断法适用除外制度。[5]

第四种是产业政策类的反垄断法适用除外制度研究。产业政策通常是指政府将宏观管理深入社会再生产过程，对以市场机制为基础的产业结构、产业技术、产业组织和产业布局进行定向调控，以实现某种经济和

---

[1] 持此观点的代表性论述有：王茂林："论我国反垄断法适用除外制度"，载《西部法学评论》2009年第2期；吴宏伟，金善明："论反垄断法适用除外制度价值目标"，载《政治与法律》2008年第3期。

[2] 持此观点的代表性论述有：张杰斌："特定行业的《反垄断法》适用研究——《中华人民共和国反垄断法》第七条评析"，载《北京化工大学学报（社会科学版）》2007年第4期；时建中主编：《反垄断法——法典释评与学理探源》，中国人民大学出版社2008年版，第58页。

[3] 王晓晔："知识产权滥用行为的反垄断法规制"，载《法学》2004年第3期。

[4] 江玉蓉："工会垄断需要反垄断法规制吗？——以反垄断法的适用为视角"，载《经济法学评论》2017年第2期。

[5] 美国其他领域中的适用除外制度，如农业、交通、能源、金融、保险等产业，均伴随产业环境和市场化改革的发展而有所限缩，甚至完全取消。但对工会和劳动者集体谈判协议的适用除外制度，则一直是比较稳固的。相关分析可参见［美］欧内斯特·盖尔霍、威廉姆·科瓦契奇、斯蒂芬·卡尔金斯：《反垄断法与经济学（第5版）》，任勇、邓志松、尹建平译，法律出版社2009年版，第468–473页。

社会目标的一系列政策的总和。[1]不同国家根据其自身经济体制和发展阶段的不同，为了落实产业政策，有可能会将特定产业排除在反垄断法适用范围之外。有学者对此进行过统计，发现在电力、电信、能源、交通等公共事业，酒类、烟草、卫生保健、有害物品等一般管制性行业，银行、保险、证券等金融产业，影视、广播、出版等文化产业均有可能设置一定程度的反垄断法适用除外制度。[2]在这些产业中，农业适用除外制度是极度具有普遍性的一类，它广泛存在于制定了反垄断法的众多国家。[3]美国的学者曾对各类基于产业政策产生的适用除外制度进行过总结，发现除了通过明确立法的形式确定适用除外制度的情形之外，还有可能通过国会出台决议、法院制定判例的形式设定适用除外制度。[4]

（二）有关农业产业环境与市场竞争状况的研究综述

在国内外以经济学、管理学为主要领域的相关研究中，对农业产业环境与市场竞争状况的研究主要比较关注农产品流通活动的效率问题。国内外学者均认同，农业产业环境的特殊性在于：它是以土地为最基本的不可替代的生产资料进行生产经营活动的产业，农业生产周期长、受自然环境影响大，这使农业生产活动同时表现出连续性、地域性、季节性和波动性。[5]在这一产业环境下，农业生产经营活动对流通渠道的依赖性较强，针对不同的农产品流通方式，农业生产者、中间商和消费者对农产品利益的分配情况各不相同，也因此使农业市场竞争程度呈现差距。[6]

---

[1] 史忠良主编：《产业经济学》，经济管理出版社2005年版。

[2] 钟刚：《反垄断法豁免制度研究》，北京大学出版社2010年版，第29–38页、第56–58页。

[3] R. Shyam Khemani. Application of Competition Law：Exemptions and Exceptions，New York and Geneva：UNCTAD/DITC/CLP/Misc.25，2002，1.

[4] ［美］欧内斯特·盖尔霍恩、威廉姆·科瓦契奇、斯蒂芬·卡尔金斯：《反垄断法与经济学（第5版）》，任勇、邓志松、尹建平译，法律出版社2009年版，第468–471页。

[5] 陈叶兰主编：《农业法与公共政策》，中国农业出版社2013年版，第3页。

[6] Weld LDH. *The Marketing of Farm Products*. New York：Macmillan，1916.

因此，有较多经济学研究偏重于对不同农产品流通模式进行经济效益的对比，如印度对营销中介机构、零售商或直销三种不同流通模式的比较研究[1]，美国对水果、蔬菜等农产品批发市场流通模式的比较研究[2]。通过这种对比，国外学者为改进农产品流通模式提出一系列政策建议，如认为应激励农业合作社在流通渠道中的作用、提高农民议价能力[3]；再如认为应当缩短农产品供应链、节约成本[4]。我国对农产品流通渠道及其效率问题的研究刚刚起步，研究焦点集中于国内农产品流通模式存在的缺陷与解决对策，主要存在两种研究倾向：一是依托对中国当前农产品流通模式存在缺陷的分析设计改进方案，有的学者建议应当强化农民专业合作社在流通体系中的作用[5]，有的则建议通过理念、组织、渠道、技术四个角度进行系统制度创新[6]；二是对美国、日本等发达国家的农产品流通模式进行比较研究，在此基础上探讨对中国制度改革的启示，如认为应培养农产品流通主体、完善配送体系等[7]。

概而言之，国外关于农业产业环境与农产品流通竞争状况的研究较为深入，尤以美国、印度两个农业大国的研究为盛，与之相比，国内相关研究刚刚起步，仅对中国农业产业发展和促进农产品流通的解决对策提出一些碎片式的改进方案，不够系统化。从研究学科上来看，国内外多数研究集中于农林经济管理类专业，从法学角度探讨农产品流通体系改进的著述较匮乏。从研究结论来看，国内外学者均认同：高效的农产品流通市场需要一方面提高农业生产者的组织化程度和议价能力；另一方面则要保证下

---

[1] Nilabja Ghosh. *India's Agricultural Marketing*. Springer Intia，2013.

[2] Brian R How. *Marketing Fresh Fruits and Vegetables*. Springer US，1991.

[3] Chopra Narayan. Cooperatives and Sustainable Development：A Case Study of Dairy Cooperatives. *Golden Research Journal*，2012（3）.

[4] Wooseung Jang，Cerry M Klein. Supply Chain Models for Small Agricultural Enterprises . *Annals of Operations Research*，2011（9）.

[5] 薛建强：《中国农产品流通模式比较与选择研究》，东北财经大学 2014 年博士学位论文。

[6] 张晓林："农产品流通创新系统构建与实施路径"，载《经济问题》2015 年第 7 期。

[7] 匡远配、詹祎蕊："中美日 3 国农产品流通特征比较分析"，载《世界农业》2016 年第 1 期。

游经销群体的分销环节少、效率高和行为自律。

（三）有关农业领域反垄断法适用问题的研究综述

国内外对农业领域反垄断法适用问题的研究主要集中于反垄断执法的边界问题。由于将农业领域一定程度纳入反垄断法适用除外范畴是很多国家的立法选择，因此，相较其他一般产业，农业反垄断执法的特殊性在于，它只能在不属于适用除外的范畴之内开展有效执法，且这一执法经常要面临如何与农业产业政策进行协调与平衡的问题。[1]联合国有关竞争政策的研究报告即认为，基于农业生产者通常具有较弱的经济地位、抗风险能力和议价能力，农业领域的反垄断法适用除外制度普遍存在，农业领域的反垄断执法必然是受到一定限制的。[2]

尽管在具体范围和立法方式上存在较大的差别，但在一些国家或地区均存在有关反垄断法农业适用除外制度的规定，如《美国凯普沃斯蒂德法》、欧盟《关于农产品生产与贸易领域适用特定竞争规则的26号法规》、《日本禁止私人垄断与确保公平交易法》《韩国独占规制及公正交易法》《以色列限制性商业行为法》等国外学界对这些立法中农业适用除外的具体范围、构成要件、实施方式等展开了充分研究。值得注意的是，这些国家和地区并未规定农业领域整体不适用反垄断法，而是仅将适用除外的范围限定在特定的农业经营者及其竞争行为的范畴。国外多数学者倾向于认为，反垄断法应主要授予直接参与农业生产活动的农业生产者及其联合组织适用除外地位，而对于不参与农业生产活动的下游农产品流通商，则仍

---

[1] 有关这方面的深入讨论，可参见：邱隽思："农业产业法与竞争法关系的审视与重构——以农业供给侧改革为分析背景"，载《山西农业大学学报（社会科学版）》2018年第1期；陈兵："论农业产业政策与竞争政策的协调——以农业产业法规与反垄断法农业适用除外制度之关系补正为中心"，载《江汉论坛》2013年第1期。

[2] R. Shyam Khemani. Application of Competition Law: Exemptions and Exceptions, New York and Geneva: UNCTAD/DITC/CLP/Misc.25, 2002, 1.

应纳入反垄断法的调整范围。[1]但该观点在国外也存在反例，一个典型的国家便是以色列。在以色列，反垄断法农业适用除外的范围既包含农业生产者及其联合组织，又将其扩展到下游流通渠道的农产品经营者，这一立法方式大为限制了反垄断法在农业领域的适用空间。以色列学者对这一现象进行了批判，他们认为，这种过于宽泛的适用除外范围恶化了农产品流通的竞争环境，导致经销环节经营者滥用市场支配地位，侵犯农业生产者利益。[2]

在国内，对农业领域反垄断法适用问题的关注明显落后于其他国民经济重要产业，《反垄断法》第69条规定了农业适用除外制度，但该条的一些表述存在语义不清、范畴不明的问题，一些法律用语，如“农村经济组织”“联合或者协同行为”等，其内涵和外延均不够明确，这导致反垄断法农业适用除外的具体范围语焉不详，农业领域的反垄断执法空间并不明晰。作为反垄断执法机构的国家发改委、国家市场监管总局虽然针对反垄断法的实施出台过一系列规范性文件，但均未就《反垄断法》第69条的内涵作过解释。在农产品流通领域的监管实践中，反垄断执法机构曾通过出台规范性文件、披露典型执法案例、约谈相关企业等形式开展针对农产品流通市场的监管，在这些监管活动中，均只以《价格法》和《价格违法行为行政处罚规定》为法律依据，均未见直接适用《反垄断法》的情

---

[1] ①David P. Claibome. The Perils of the Capper–Volstead and Its Judicial Treatment: Agricultural Cooperation and Integrated Farming Operations. *Willamette Law Review*, VOL.38, 2002. ② Donald A. Frederick. Antitrust Status of Farmer Cooperatives: The Story of the Capper–Volsted Act. *Cooperative Information Report 59*, 2002（9）③ Iwakazu TAKAHASHI. Anti–Monopoly Act Exemptions in Japan. August 8, 2003, The Specific Workshop between the Drafting Committee on Competition Law of Vietnam and the Japan Fair Trade Commission.

[2] Yael Kachel, Israel Finkelshtain. The Agricultural Exemption from Antitrust Regulation: A License for Cartel or a Necessary Evil for Cooperation? http: //departments.agri.huji.ac.il/economics/en/events/israel–anti–paper.pdf, 2009.

与执法机构倾向于扩张解释《反垄断法》第69条相比，学术界则在《反垄断法》第69条的理解适用问题上并未形成统一认识。部分学者倾向于对其进行扩张解释，在这类观点中，并未对上游农业生产者和下游农产品流通商进行严格区别，而是笼统地将各类从事“农业生产经营活动”的经营者均纳入反垄断法适用除外范围[1]，该观点有可能会限缩农业领域适用反垄断法的空间。亦有部分学者通过对国外的比较研究，倾向于对该法第69条进行限制解释，认为应主要豁免农业生产者，而对下游农产品流通商，仍应开展反垄断执法。[2]还有的学者针对反垄断法农业适用除外制度专门撰写专著进行研究，并在相关论述中对美国、欧盟等国家和地区的反垄断法适用除外制度进行系统性的比较分析。[3]但是，该研究是建立在将“适用除外”和“适用豁免”制度混淆的前提下进行的，在该研究中，存在将其他领域的反垄断法适用豁免程序误读为农业适用除外制度的情形，由此导致其部分学术结论值得商榷。[4]

近年来，伴随着农产品流通环节中一系列价格上涨、限制竞争行为现

---

[1] 有关这方面的代表性论述可参见：全国人大常委会法制工作委员会经济法室：《反垄断法条文说明、立法理由及相关规定》，北京大学出版社2007年版，第353页。李亮国、王艳林：“农业在反垄断法中的适用除外研究——中国反垄断法第五十六条之解释”，载《河南省政法管理干部学院学报》2008年第4期。

[2] 有关这方面的代表性论述可参见：陈兵：“论农业产业政策与竞争政策的协调——以农业产业法规与反垄断法农业适用除外制度之关系补正为中心”，载《江汉论坛》2013年第1期；邱隽思、段宏磊：“中国农业反垄断执法的省思与改进——基于对《反垄断法》第56条的再审视”，载《学习与实践》2019年第1期；时建中、钟刚：“试析反垄断法农业豁免制度——兼论我国《反垄断法》第五十六条”，载《财贸研究》2008年第2期。

[3] 刘艞：《反垄断法农业豁免制度研究》，北京大学出版社2012年版。

[4] 比如，该学者认为，依据欧盟竞争法的要求，农业适用除外资格的取得，必须事先向欧盟委员会履行一个申报程序，在得到欧盟委员会豁免决议的情况下，才真正不适用反垄断法。据，该学者认为：“欧盟关于豁免制度程序的规定……体现了欧盟竞争法律制度的现代化。对我建立反垄断法农业豁免制度的适用及认定程序的构建，更加具有重要的借鉴意义。”刘艞：《反法农业豁免制度研究》，知识产权出版社2012年版，第120页、第127页。但事实上，此定的是垄断协议的豁免条件问题，并非欧盟反垄断法农业适用除外制度的法律渊源。欧盟反农业适用除外制度主要依靠《关于农产品生产与贸易领域适用特定竞争规则的26号法规》*tion 26. Applying Certain Rules of Competition to Production of and Trade in Agricultural Prod-*施，该法规并未规定反垄断法适用除外的前置性审查程序。

象的发生，我国学界也开始对农业领域的反垄断法适用问题进行反思。有学者通过对中国农业生产经营活动的实证研究认为，由于农业反垄断执法缺位，处于农产品批发、零售等下游渠道的经营者利用其控制力对农业生产者高价盘剥，造生了“蒜你狠”“姜你军”等农产品价格快速上涨，但农民收入未得到实际改善的情形，因此，我国农业领域的反垄断执法亟待突破和改进。[1]

概而言之，针对农业领域反垄断法适用问题的研究，发达国家的共识是，农业领域的竞争执法应当张弛有度，一方面，反垄断法适用除外制度应当豁免上游弱势的农业生产者，促进其组织化程度和议价能力的提高；另一方面，又要对下游农产品经营者保持反垄断执法的足够威慑。而国内相关研究对此仍存在分歧，反垄断法适用除外范围并不明晰，这一定程度导致实践中的农业反垄断执法缺位，农产品流通市场的竞争环境恶化。由此可见，我国亟待对反垄断法农业适用除外制度的具体范围进行明晰，进而界定出农业领域反垄断执法的正当空间，从而对农产品流通市场的限制竞争行为开展有效规制，促进农业产业环境竞争秩序的有效维护。

五、研究方法与创新点

（一）本书使用的研究方法

本书在研究过程中主要使用了以下三种研究方法。

（1）文献法。通过对国内外学术文献、研究报告、政策文件和法律文本等的检索、翻译、阅读和运用，对反垄断法农业适用除外制度的理论基础、功能定位、国内外立法状况开展深入研究。

---

[1] 有关这方面的代表性论述可参见：于左：“中国农产品价格过快上涨的垄断因素与公共政策”，载《中国价格监管与反垄断》2014 年第 5 期；段宏磊：“农产品流通竞争环境的现状审视与反垄断法规制改进”，载《法学论坛》2019 年第 2 期；陈兵：“农业市场竞争秩序的竞争法保护——从五常天价米事件切入”，见张守文主编：《经济法研究（第 11 卷）》，北京大学出版社 2012 年版。

（2）实证法。本书对我国反垄断法农业适用除外制度实施效果的研究，是建立在实证研判我国农业产业环境和市场竞争状况的基础之上，尤其是对其中一系列涉及农产品生产、运输、流通过程中的典型垄断司法案件和执法案件，本书进行了深入的实证调研和分析。

（3）科际整合法。本书综合运用了经济学、管理学、法学等分析视角和研究方法共同对反垄断法农业适用除外制度开展研究。在对该制度基本原理的分析上，注重探讨其经济原理和经济效果；在对该制度实施效果的分析上，则注重联系其与农村公共管理和政策运行之间的关系；在对该制度改进意见的分析上，则综合适用了竞争法和产业法的实施机制。因此，本书是通过跨学科方法开展学科交叉研究、综合研究的一次尝试。

（二）本书的创新点

本书的创新点表现在以下两个方面。

（1）研究内容新。在本书所设计的基本研究内容中，对反垄断法农业适用除外制度进行了一次比较深入的国内外立法比较研究，系统梳理对比了有关欧盟、美国、日本、韩国、以色列、中国的相关立法及其实施状况，并探讨了域外制度对我国改进相关制度的启示，这在国内竞争法研究中，属于一次明显的突破性创新。

（2）研究结论新。本书提出了一整套有关反垄断法农业适用除外制度系统性改进的基本方案，为相关法律条文的修正提供了一定的政策参考，兼具现实回应性与理论前沿性。

第一章　反垄断法农业适用除外制度的概念界定与构成要件

对反垄断法农业适用除外制度的基本内涵、功能定位、构成要件等的界定是本研究的起点。在本章中，将首先界定反垄断法农业适用除外制度的概念，其次分析在农业领域设置该制度的原因和必要性，最后，将对反垄断法农业适用除外制度的构成要件进行基本探讨。本章内容将构成后文各章对反垄断法农业适用除外制度的国内外比较、构成要件、改进方案等各方面研究的理论基础。

第一节　反垄断法农业适用除外制度的概念界定与价值取向

一、反垄断法农业适用除外制度的概念界定

除知识产权适用除外制度以外，农业基本上是被全球各国反垄断法所共同认可和采纳比率最高的一类适用除外领域。它是国家为了实施农业产业政策和公共管制的需要，刻意在农业领域适度压缩反垄断法适用空间的体现。换言之，反垄断法农业适用除外制度是一国经济法律制度对农业产业法与竞争法的适用空间予以衡平的结果。

农业之所以成为各国反垄断法设置适用除外制度时经常选择的领域，是因为农业领域凝结着多样性的社会公共利益需求，这些需求单纯依靠市场竞争秩序难以实现，必须借助一些必要的产业扶持和管制措施。一般来说，当相关产业具有以下特征之一时，政府更容易对其施加特定的产业扶持或公共管制，此时，为了给这类产业政策法规的实施预留空间，就有可能将其纳入反垄断法适用范围之外。其一，相关产业因其生产经营活动的特殊性需要实施产业政策。即该类产业从事的生产经营活动涉及国计民生、国家安全或公共利益，或具有一定的自然垄断属性。其二，相关产业因其发展特征而需要实施产业政策。此类产业在充实国家财政收入、满足国家特定宏观调控要求等方面具有重要作用；或者属于一国亟待发展的弱势产业，或在未来经济增长中将发挥重要作用，有必要对其予以倾斜性扶持。其三，相关产业存在法律或政策需要给予倾斜性照顾的特殊利益或特殊群体。比如，国家可能通过实施特定的产业政策，实现对环境资源的保护，对中小企业经营者的扶持，对社会弱势群体利益的保护，等等。而在农业领域，上述三类情形均有不同层面的体现：第一，农产品除了作为一般商品之外，更具有强烈的社会公共物品属性，农产品的稳定供应在社会民生和国家安全层面具有重要意义；第二，农业生产经营活动具有显著的脆弱性，抗拒自然灾害和市场风险的能力较低，国家有必要给予一定的政策扶持；第三，在农业生产经营活动中，农业生产者（农民）和农产品的消费者（社会大众）都是典型的社会弱势群体，前者亟待改变其经济上的弱势地位，后者则对农产品供应的价格、质量和数量都极具敏感性，有必要通过国家干预的形式，回应这些社会弱势群体在农业领域的利益诉求。

综上所述，可以将反垄断法农业适用除外制度的概念简单地界定为：在反垄断法的制定和实施过程中，基于对落实农业产业政策的现实需求、对农业生产者或消费者等弱势群体的倾斜性保护、对国家农业安全利益的维护等特殊考虑，将特定的农业市场主体和竞争行为排除在反垄断法调整范围之外的法律制度。对反垄断法农业适用除外制度的上述概念界定，揭示了该制度在调整对象、基本目标和功能定位三个方面的以下特性。

首先，反垄断法农业适用除外制度以农业领域特定主体实施的特定竞争行为为调整对象。农业既是国民经济中的第一产业，又是通过培育动植物产品生产食品及工业原料的特殊产业。反垄断法农业适用除外制度以农业相关业务为调整范围，但这并不意味着该制度将农业全部领域均纳入适用除外范围，而是仅以特定的农业市场主体和竞争行为为适用对象。主体范畴与行为范畴构成反垄断法农业适用除外制度的两大构成要件，前者对应特定的农业市场主体，后者则对应特定的农业市场竞争行为。只有被法律所明确的特定的农业市场主体及其竞争行为，才具有不适用反垄断法的资格。对于农业领域一些仍然有可能严重限制市场竞争的主体或行为，反垄断法依然有可能将其纳入适用范围。在我国，根据《反垄断法》第69条的规定，也并非全部农业领域均不属于其调整范围：在主体层面，只有“农业生产者及农村经济组织”实施的行为不属于《反垄断法》的管辖范围；在行为层面，虽然该条规定有关农产品“生产、加工、销售、运输、储存等经营活动”的全部经营活动都有可能享有适用除外资格，但又被明确限定为“联合或者协同行为”，除了此类行为的其他农业限制竞争行为，仍属于《反垄断法》的调整范围。

其次，反垄断法农业适用除外制度以农业产业法与竞争法的制度衡平为实施目标。反垄断法之所以在农业领域的适用空间受到限制，是由农业的产业特征和公共利益需求综合所致，基于农产品在满足基本生活需求层面的重要性，农业生产和服务活动具有较强的公共物品属性，该领域必须为特定农业产业政策的落实预留制度空间。换言之，在农业领域，以落实产业政策为目的的产业法和以追求竞争政策为功能的竞争法存在一个冲突、协调并互动的过程。[1]反垄断法农业适用除外制度的这一特性使其显著区别于知识产权领域的适用除外问题，在后者情形下，反垄断法适用除

---

[1] 冯辉：“产业法和竞争法的冲突与协调”，载《社会科学家》2010年第12期。

外制度设置的目的是平衡竞争法与知识产权法所保护的不同法益，而并不涉及产业政策的实施问题。[1]一方面，农业领域的一系列公共目标难以靠市场有效竞争机制来实现，为确保农业领域的产业扶持和发展、农民利益的倾斜性保护、国家农业安全的维护等公共目标，农业产业法有必要获得一定的优先适用地位，从而为产业政策的实施预留空间，适度压缩反垄断法在农业的适用范围；另一方面，农业作为市场经济活动中的必要组成部分，市场规律在这当中并非完全失灵，在农产品的生产、加工、运输、批发、零售的一整套环节中，市场竞争规律依然普遍性地发挥作用，竞争政策不应完全缺席，农业领域的竞争法不应完全让位于产业法。如果农业适用除外制度设计不当，适用除外的范围过宽、过大，就相当于一定程度上令农业产业政策僭越了竞争政策的地位，从而导致它对农业领域的过度干预和不当干预；反之，如果适用除外的范围过窄、过小，就会限制农业产业政策发挥作用的空间，令农业市场经营活动过分地暴露在反垄断执法的威慑之下，影响农业领域公共目标的实现。[2]

最后，反垄断法农业适用除外制度以追求多样化的农业公共利益为功能定位。反垄断法农业适用除外制度凝结着国家在农产品生产、销售、消费过程中的公共利益需求。其一，农业适用除外制度凝结着对脆弱的农业生产过程和弱势的农民群体的倾斜性保护。相较其他产业，农业生产经营

---

[1] 一般认为，知识产权法和反垄断法的法益都是促进竞争的，只不过二者对于实现竞争的方式依赖完全不同的实施路径。反垄断法主要通过禁止限制竞争行为来推动竞争，与之相比，知识产权法则是通过保护权利人某些具有垄断性质的智力成果专有权的形式，以此激发人们在知识经济领域开展有效竞争。有关此问题的进一步分析，参见王晓晔："知识产权滥用行为的反垄断法规制"，载《法学》2004 年第 3 期。换言之，知识产权法的制度设计本身并不反竞争，只是实现竞争的路径与竞争法有异；而产业法则不同，产业政策的制定和实施过程很多情况下是反竞争的，因为产业法所保护的法益（促进公共物品的提供、保护社会弱势群体、维护国家公共利益等）通常是难以靠竞争机制来实现的，在产业法的实施过程中，可能会出现人为鼓励垄断的情况，比如，通过授予某一企业独占性质的特许经营权来确保公共目的的实现。有关此问题的进一步分析，参见冯辉："产业法和竞争法的冲突与协调"，载《社会科学家》2010 年第 12 期。

[2] 邱隽思："农业产业法与竞争法关系的审视与重构——以农业供给侧改革为分析背景"，载《山西农业大学学报（社会科学版）》2018 年第 1 期。

活动更容易受到当地自然条件的影响，农业生产者抗拒自然灾害等不可抗力的能力较差；在全体社会中，农民又通常属于明显的社会弱势群体，收入低、生存环境差、社会保障程度弱，在农业销售活动中的议价能力和协调能力也低。如果仍对其适用与一般产业无异的反垄断执法，会令农民群体暴露于过高的竞争威慑环境中，这实际上不利于农业生产经营活动的有序开展。其二，农业适用除外制度凝结着对保障农产品以总量稳固、质量可靠、价格稳健的形式供应于社会公众的利益追求。农产品不同于一般消费品，它具有很强的公共物品属性。相较其他市场领域的一般消费品，社会公众对农产品供给短缺、农产品质量安全的缺憾、农产品价格的上涨等问题会更加敏感。这就有必要通过落实农业产业政策、适度减少反垄断执法的形式，令农产品的供应免于过度频繁的质量、数量或价格波动，确保对社会民生问题的有效保障。其三，农业适用除外制度还凝结着对农产品充分自给的国家安全的有效捍卫。农产品的充分供给既属于社会公共利益，又属于国家安全范畴的重要问题。在很多商品可以通过市场经济跨国自由流通的当下，即便一国内部出现了农产品供给短缺或价格过分上涨的问题，其实也可以通过引进国外的农产品来调剂余缺、解决问题。但是，农产品不同于一般商品，它事关国家基本安全问题，过分地依靠境外的农产品供给，有可能会造成基本国家安全上的掣肘。通过设置反垄断法适用除外制度的形式，令农业产业政策发挥作用，保证农产品的充分供给，既有利于农产品的消费者，又有利于保护国家粮食安全。

二、反垄断法农业适用除外制度的价值取向

在国家通过法律制度的制定和执行对市场经济进行干预时，总是依循一定的价值取向，如自由、秩序，等等，这些价值取向决定了一项法律制

度实施的内在机制、基本目标、社会影响与实施路径。[1]前文已述，农业领域凝结的多样性的社会公共利益难以靠市场竞争机制解决，这是设计反垄断法农业适用除外制度的基础动因。换言之，该制度之所以将农业领域的特定主体和特定行为排除在反垄断法的适用范围之外，既是基于对农业产业环境客观特征的总结，又是对农业产业发展中多样化利益予以衡平的结果。

（一）对农业产业环境结构性特征的研判

在农产品生产、加工、运输、批发、零售的纵向经营链条中，其所涉及的各阶段的产业环境、竞争强度均存在不同。但整体而言，“上游弱、下游强”的结构性特征可以有效地概括农业产业环境的整体特点。亦即，上游的农业生产者主要呈现原子化的竞争结构，经济实力低、组织化程度低、议价能力低；而下游的农产品流通商则呈现适度集中的竞争结构，相较上游的农业生产者，他们经济实力较高、组织化程度较高、议价能力较强。[2]农业产业环境的这一结构性特征是以下三类情形综合作用的结果。

首先，农业生产经营活动的先天属性使其易于呈现“上游弱、下游强”的特征。与其他产业相比，农业的特殊性在于：它是以土地为最基本的不可替代的生产资料进行生产经营活动的产业，农业生产周期长、受自然环境影响大，这使农业生产活动同时表现出连续性、地域性、季节性和波动性。[3]在上述综合条件影响下，农业生产经营活动容易呈现以下属性：一方面，农业生产活动极度依赖于所处的生态环境和自然条件，“靠天吃饭”，抗拒自然灾害的能力较低，这使农业生产活动呈现较强的脆弱性，

---

[1] 李伟舜：“经济管理法律行为的法价值取向及路径选择”，载《深圳大学学报（人文社会科学版）》2015 年第 4 期。

[2] 段宏磊：“农产品流通竞争环境的现状审视与反垄断法规制改进”，载《法学论坛》2019 年第 2 期。

[3] 陈叶兰主编：《农业法与公共政策》，中国农业出版社 2013 年版，第 3 页。

一次偶发的自然灾害就有可能令一个地区的农业生产活动陷入困境；另一方面，农产品时令性、季节性、区域性极强，很多农产品又具有鲜活易腐的特征，这使农民对便利迅捷的农产品经销渠道的依赖性极强，在农业生产者和消费者之间是否存在通过便利的经销渠道搭建的“桥梁”，将直接决定农产品适销的基本状况。现实中，决定某地区的某样农产品是否能够便捷、充分地在市场中售出，农民收入是否有所保障的核心因素，通常并不是该农产品的基本品质是否过硬、当地是否具有充分的农产品消费需求等问题，而是当地是否具有便利的经销渠道。诸如大型超市、农贸市场这类方便农业生产者出售其农产品的场合或渠道，经常具有卡住当地农产品销售“脖颈”的关键性功能。如果当地的农业生产者由于意外丧失了这些经销渠道，或由于交通等客观问题难以接触这些经销渠道，那么不论其农产品质量多高、当地的消费需求多强，农产品的销售也将受到严重影响。农业生产经营活动的这一先天属性使农业生产者相较下游流通渠道通常不具备较高的议价能力，流通商有可能会滥用其优势地位，对农业生产者进行高价盘剥，进而使农业生产者无法分享农产品价格上涨所带来的收入福利。[1]

其次，当前中国农业的发展阶段强化了其“上游弱、下游强”的基本特征。改革开放以来，我国逐步确立了以家庭联产承包责任制为主要特征的农村土地制度，该制度也对我国的农业生产经营活动的组织化特征产生了持久性的影响。从明确农业生产权属、激励农民从事农业生产经营活动等角度来看，家庭联产承包责任制功不可没；但是，家庭联产承包责任制也形成以户为单位的小规模农业生产经营模式，它一定程度上具有限制农地流转和束缚农地集约化生产的消极作用，这与农业的现代化发展需求相悖。长期以来，我国农地的流转与集中程度低，农地的小规模分散经营方

---

[1] 于左：“中国农产品价格过快上涨的垄断因素与公共政策”，载《中国价格监管与反垄断》2014 年第 5 期。

式在我国还将长期持续，农业的集约化水平和组织化程度不高。[1]“一家一户的农地经营模式可能难以解决土地生产资料费用高、由于资金缺乏或者市场信息灵敏度差而导致的生产效益低等问题。”[2]近年来，我国虽加快了农村土地制度的改革和农业产业升级的步伐，但整体而言，我国农业仍处于一个现代化、集约化程度不高的发展阶段，在这一发展阶段下，农业生产者的组织能力、协调能力低下，难以建立起相较农产品下游经销商而言具备竞争力的议价能力，这进一步强化了农业“上游弱、下游强”的结构性特征。

最后，对农产品经销活动的公共政策亦进一步强化了“上游弱、下游强”的基本特征。与其他商品相比，农产品在属性上具有双重性，它既是一种生产资料，同时还是一种消费资料。[3]一方面，对社会公众而言，能否随时便捷地购买到农产品，是一件十分重要的事情，这事关基本温饱问题，属于重要的国计民生议题；另一方面，对于城市公共管理而言，若允许进城的农业生产者随意以街边松散的形式售卖农产品，又会为城市交通、市容市貌制造不便。在这一背景下，中国很多城镇地区倾向于在本地区以集中垄断的形式设置农产品集贸市场和农产品批发市场，农产品的经营者在缴纳特定的管理费用后，即可在该市场集中从事农产品销售活动。《农业法》第27条第1款亦规定，“国家逐步建立统一、开放、竞争、有序的农产品市场体系，制定农产品批发市场发展规划。对农村集体经济组织和农民专业合作经济组织建立农产品批发市场和农产品集贸市场，国家给予扶持”。这种区域集中式的管理虽有利于确保农产品的食品安全和质量问题，也显然有利于确保城市公共管理秩序，但会进一步强化特定区域

[1] 王乐君、陈朱勇：“加强农业法制建设，加快转变农业发展方式”，见农业部管理干部学院、中国农业经济法研究会主编：《农业法律研究论丛（2011）》，法律出版社2011年版。

[2] 任大鹏、杨娅芬：“农地家庭经营的价值和法律保护”，见农业部产业政策与法规司、农业部管理干部学院、中国农业经济法研究会主编《农业法律研究论丛（2012）》，法律出版社2012年版。

[3] 陈叶兰主编：《农业法与公共政策》，中国农业出版社2013年版，第3–4页。

农业生产者对经销渠道的依赖性；农产品集贸市场、批发市场的管理者更有可能会压低农产品收购价格，或通过收缴管理费、服务费、上架费等巧立名目的形式对农业生产者进行高价盘剥。[1]“上游弱、下游强”的结构性特征会进一步加强。

农业产业环境的上述结构性特征决定了农业领域市场竞争状况的特殊性。如果忽略政府产业政策的积极干预，放任农业开展与一般产业相类似的自由市场竞争，将有可能进一步加剧上游农业生产者的弱势地位，同时又会抑制农产品对社会公众的充分供给及价格的稳定性。在“上游弱、下游强”的基本结构性特征下，一方面，农业生产者难以与下游经销商开展有效的议价竞争，初级农产品向下游销售的预期利润会被压缩；另一方面，农产品经销商又有可能利用自身的优势地位以及社会公众对农产品的刚性需求，在初级农产品价格基础上进行过高加价后出售给消费者，从而使消费者面对一个更高的农产品销售价格水平。换言之，通过对农业生产者、消费者两端同时实施“高价盘剥”，农产品经销商有可能会成为农产品价格提高的最大受益者，但严重牺牲了社会公共利益。[2]

对农业产业环境上述结构性特征的研判表明，农业产业的良性发展，必须同时依靠产业政策与竞争政策“双管齐下”，二者必须发挥协调性作用，缺一不可，反垄断法农业适用除外制度即是基于此种价值取向而设计。一方面，通过农业产业政策的有效扶持，适度改变上游农业生产者所处的弱势地位，提高其农业集约化生产能力和组织化程度，从而提高与下游流通商交易时的议价能力；另一方面，通过有效的农业反垄断执法，维护农业市场上的竞争秩序，对下游农产品流通商的竞争行为进行有效的规范和限制，防止其滥用优势地位对农业生产者和消费者进行过分的高价盘剥。为了实现两种国

---

[1] 于左：“中国农产品价格过快上涨的垄断因素与公共政策”，载《中国价格监管与反垄断》2014年第5期。

[2] 于左：“中国农产品价格过快上涨的垄断因素与公共政策”，载《中国价格监管与反垄断》2014年第5期。

家干预政策的组合配套，反垄断法的农业适用除外制度必须“有所为、有所不为”：对于促进上游农业生产者组织协调的竞争行为，应当将其排除在反垄断法的调整范围之外，从而为农业产业政策的实施预留空间，提高农业生产者的协作能力，甚至在必要时，要鼓励其实施一定程度的限制竞争行为，从而维护其正当利益；而对于下游农产品流通商实施的竞争行为，则仍要将其纳入反垄断法的威慑之下，令其行为受到必要的规范和限制，确保农业市场的有序竞争。因此，反垄断法农业适用除外制度所设置的具体范畴是否适度且必要，将直接决定上述农业产业政策和竞争政策能否成功发挥协同性作用。

（二）对农业产业发展多样性利益的衡平

在农产品生产、加工、储存、运输、批发、零售、消费的一整套环节中，农业产业的有效发展渗透着多样性的利益需求，正是基于对这些多样性利益予以衡平的考虑，反垄断法农业适用除外制度才应运而生。概而言之，在农业产业发展中，至少包含以下四个层面的利益需求，它们彼此之间既存在一定的共通性，又显然存在一定的冲突和矛盾。

首先是农业生产者的利益需求。对处于“上游弱，下游强”的产业环境的农业生产者来说，其无论是经济实力，还是生活条件、抗风险能力等各方面，均处于明显的弱势地位，对这类群体而言，其最大的利益需求为：通过直接从事农业生产经营活动，满足其基本的生存和生活需求，并能以此实现收入稳步增长。但农业生产活动本身具有极强的脆弱性，抗风险能力差，一场偶发的自然灾害或市场波动都有可能严重影响农业生产者的收入稳定性，如果放任这些风险在农业生产经营活动中产生和蔓延，农业生产者的利益会更容易受到侵袭，其弱势地位将会进一步强化。另外，即便不考虑客观的自然灾害与市场风险的问题，由于农业生产者本身组织化程度低，其相较下游的议价能力较弱，在这一背景下，即便农产品可能最终以不菲的价格售出，但农产品的溢价收益也很可能极大幅度地被下游流通商盘剥，农业生产者不见得能真正实现收入的提高。[1]换言之，在农业领域中，如果仅靠一般的市场竞争，并无法改变农业生产者的弱势地位，其利益需求难以得到满足，而必须一定程度发挥农业产业政策的作用，对农业生产者设置适度的扶持与优待措施。

其次是农产品消费者的利益需求。在各类生活消费需求中，农产品堪称最基本、最重要的消费需求，它事关社会公众的基本温饱问题。因此，相较其他消费品，农产品能否持续性地以数量充足、质量安全、价格合理的形式供应于社会公众，是一个十分重要的问题。总体而言，农产品消费者的利益需求既与一般生活消费场合下消费者的利益需求存在一致性，又具备自身利益需求的特殊性。在一般生活消费品市场上，消费者所追求的利益无非同等质量条件下更低廉的商品价格——这可被称为消费者的“价格福利”追求；或是在同等价格水平下享有更多类型的商品选择权——这可被称为消费者的“多样性福利”追求。而在农产品消费环节，消费者同样存在对“价格福利”和“多样性福利”的利益追求，但由于农产品在日常生活中是不可或缺的，这种利益需求会更加刚性，农产品价格的上涨、质量的下降、多样性的减少等问题，都会成为社会公众密切关注的公共性问题。在 2019 年夏秋交接的时节，我国猪肉价格曾连续上涨 15 周，引发社会各界多方讨论，最终商务部以投放中央储备肉的形式遏制住了猪肉价格的持续上涨。[2]诸如此类的价格上涨新闻，如果是在非农产品的其他一般消费品领域，通常不会引发如此密集的讨论和关注，亦不会以中央部门调动储备物资的形式解决。由此可见，消费者群体对农产品以数量充分、价格稳定的形式持续供应的利益需求极具敏感性和公共性。也正是由于消费者这种特殊的利益需求，决定了农业领域市场竞争问题的特殊

---

[1] 战英杰、沈秋红：“影响我国农民收入的因子分析”，载《东北农业大学学报》2010 年第 4 期。

[2] 刘萌：“商务部国庆前继续投放中央储备肉，猪肉价格结束连续 15 周上涨”，载：https://new.qq.com/rain/a/20190926A0QZXR，2020 年 2 月 1 日最后访问。

性：在一般市场中，因供求变化而造成价格波动是正常市场规律的体现，并不建议国家施加过于频繁的干预和控制，这有可能会扰乱市场机制，诱发“政府失灵”；但在农业领域，基于消费者对农产品供应问题的敏感性，以及农产品天然具备的公共物品属性，政府进行积极干预的正当性理由会更充分。

再次是农产品流通商的利益需求。农产品流通商是指在农产品完成生产和初加工后，从事农产品的运输、储存、批发、零售等流通环节的经营者。由于农业生产经营活动的地域性和季节性，农业生产者对农产品流通商提供的经销渠道具有很强的依赖性，换言之，农产品流通商在农业生产经营活动中具有一定的强势地位。对这类群体而言，其主要的利益需求为：最大限度在农产品经销活动中降低成本、提高利润。农产品流通商的逐利过程会一定程度上损害农业生产者与消费者的利益。农产品生产、加工、储存、运输、批发、零售的一整套过程，实际上是一个“层层加价”的过程，每一级经营者均会在上一级农产品价格中适度加价，从而实现自身的利益追求。但是，不同环节的经营者议价能力不同，由此造成的加价幅度也不一致。由于农业对流通渠道的依赖性较强，农产品流通商相较农业生产者和消费者均具有明显更优的议价能力，其通常也会因为农产品溢价获取的收益最大：对农业生产者而言，流通商会尽量压低价格，若生产者不同意，流通商便会通过断绝流通渠道的形式进行威胁；而对农产品的消费者而言，流通商则会尽量提高价格，基于农产品在满足基本生活需求中的重要性，消费者也难以抗拒这种加价。由此可见，农产品流通商对尽最大限度攫取利润的追求，很可能会以一定程度牺牲农业生产者和消费者的利益为代价。因此，在衡平农业生产者、流通商、消费者三类利益需求的过程中，法律有必要对流通商的相对优势地位进行适度限制，这一要求在反垄断法农业适用除外制度中的体现是：在全球多个反垄断法的立法例中，均否认将农产品流通商的竞争行为纳入适用除外范畴，仍然使其一定程度受到反垄断执法的威慑，而是主要赋予农业生产者反垄断法适用除外资格。

最后是在农业领域亦存在国家的整体利益需求。国家利益在农业领域主要体现在微观和宏观两个层面。在微观层面，对于上述农业生产者、消费者和流通商各自的利益需求，国家会予以适度维护和衡平。但总体而言，作为社会公共利益的代表者，国家更倾向于保护农业生产者和消费者的利益。不论国内外，通过稳定农产品市场的形式，确保农民增收和消费者利益，均是一项重要的公共政策目标。[1]在我国，农民收入水平的提高、消费者合法权益的保护，均是重要的社会公众议题，因为它们均事关社会公众福祉；而对于农产品流通商的逐利性需求，则有必要通过规范农产品市场经济活动的形式，对其行为进行必要的规范与限制。在宏观层面，国家还具有明显的促进农业产业升级和发展、保证农产品充分自给的利益需求。作为关系国计民生的第一产业，农业产业升级和发展在很多国家都属于重要的经济发展目标，这当中除了涉及促进经济增长的效益性目的，更有明显的国家安全层面的考量：当发生经济危机、战争等紧急情形时，农产品能否持续性的自给自足，将很大程度决定基本国家安全，这也是我国耕地一直存在“18 亿亩红线”的原因所在。事实上，如果仅从市场经济的角度来看，即便一国内部的农产品供给无法满足社会公众的持续性需求，它也可以通过进口农产品的形式解决国内的供求矛盾问题，但从国家安全的角度来看，对国外农产品的过度依赖一定程度上是存在危险的。农产品既是一种消费品，又是一种重要的公共物品和战略物资，如果过分依赖国外的农产品供应，尤其是粮食这类基本农产品，一旦发生战争、地区封锁等紧急情况，一国内部的粮食安全将会受到国外的严重钳制。因此，为确保国家安全，国家必须以稳定农地供应、促进农业产业升级等形式，确保农产品的供应能较大程度上满足“自给自足”的要求。

上述农业生产者、消费者、流通商以及国家四个层面的农业产业发展

---

[1] 张红宇、王乐君、李迎宾、杨东霞、曹鸾骁：“完善我国农产品市场法律制度的建议”，见农业部产业政策与法规司，农业部管理干部学院、中国农业经济法研究会主编：《农业法律研究论丛（2013）》，法律出版社 2013 年版。

利益需求各不相同，有些情况下还会发生矛盾，这就要求在制度设计中对各类利益进行有效的衡平。整体而言，农产品流通商的逐利行为可能会在一定程度上损害农业生产者和消费者的利益需求，在国家层面，通过协调处理农业产业政策和竞争政策的形式对两类利益进行有效衡平，是一个十分重要的任务。一方面，通过农业产业政策，促进农业生产者的组织、协调和发展，提高其在农业产业链条中的议价能力，以此确保农产品以总量充分、价格稳定的形式在市场上进行供应，这同时有利于农业生产者和消费者的利益需求；另一方面，通过农业竞争政策，促进农产品流通商开展有序竞争和优胜劣汰，并对其可能实施的限制竞争行为进行有效规制。而反垄断法农业适用除外制度所坚持的价值取向即在于，它应当有效划分农业产业政策和竞争政策各自发挥作用的空间。对于需要农业产业政策发挥作用的领域，通过将其纳入适用除外范畴的形式，使其免于反垄断法实施的威慑，促进产业政策既定目标的实现；而对于竞争政策发挥作用的领域，则将其保留在反垄断法的调整范围之内，通过查处各类限制竞争行为，促进农业市场开展有序竞争。

第二节 反垄断法农业适用除外制度的构成要件*

一、反垄断法农业适用除外制度构成要件的基本内容

由于反垄断法适用除外制度意味着特定领域不适用反垄断法，这就注

* 本部分内容在论述反垄断法农业适用除外制度的具体构成要件时，对欧盟、美国、日本、以色列等国家和地区反垄断法农业适用除外制度的相关情况进行了一定程度的评介，但所涉及的内容较为笼统，缺乏详尽介绍和评价，仅以服务于分析农业使用除外制度的构成要件为目的。本书第二章另有专门部分对上述这些国家和地区的反垄断法农业适用除外制度详细情况进行分析。另外，在本书第三章、第四章中，还会对反垄断法农业适用除外制度的各个具体构成要件开展详细分述。

定了该制度的实施过程有一定的“双刃剑”效果。如果实施范围过广，将会不合理限缩反垄断法发挥作用的空间，令一国的市场竞争秩序受到一定程度的影响；如果实施范围过窄，也会不合理地限制国家在竞争秩序之外对社会公共利益、国家产业政策等目标的追求，令部分存在市场失灵的领域不必要地置于反垄断执法的威慑环境中。基于这一考虑，有学者认为应当确立“反垄断法适用除外制度法定原则”，即立法应明确规定反垄断法适用除外的具体外延和构成要件，从而确保适用除外范畴的稳定性，防止其在实践中被不合理地扩张或限缩。[1]依照反垄断法适用除外制度法定原则的基本要求，任何一个领域的适用除外均应明确其具体的构成要件问题，农业适用除外制度亦然。换言之，反垄断法有必要明确：农业领域的经营者在同时满足何种条件的前提下方可获得适用除外资格，从而不受反垄断法的调整。

一般而言，当谈及某一法律制度的构成要件问题时，通常包含实体性要件和程序性要件两大组成部分。前者是指特定的法律主体、行为应当符合的一系列实体性要求，后者则是指按照法律制度的规定，应履行何种法律程序的问题。对反垄断法农业适用除外制度构成要件的讨论，亦应当在类似的框架下进行，只不过，该制度在实体性要件和程序性要件两方面均表现出一定的特殊性。

（一）反垄断法农业适用除外制度实体性要件的基本内容

在实体性构成要件上，学界经常会使用“主体”“主观方面”“客体”“客观方面”四大要件对一类法律行为或法律制度的构成要件进行分析。这四大构成要件是我国传统犯罪构成要件体系的基本内容，它继受自苏联的刑法学说。[2]实践中，这一范式也会被用来分析一些竞争法律制度

---

[1] 段宏磊：“中国反垄断法适用除外的系统解释与规范再造”，载《社会科学》2018年第3期。

[2] 张明楷：《刑法学（第四版）》，法律出版社 2011 年版，第 102–105 页。

的构成要件。比如，在一些代表性论述中，当分析商业贿赂行为的构成要件时，即将该行为界定为四大要件:（1）以经营者为行为主体;（2）行为人的主观方面表现为故意，而不包含过失;（3）以其他经营者的利益和公平竞争的市场秩序为行为客体;（4）行为的客观方面表现为经营者通过给付单位或个人财物或其他不正当利益的形式，谋取经营利益或不公平交易机会。[1]

以“主体”“主观方面”“客体”“客观方面”四部分内容组成的构成要件范式一定程度上可以适用于对反垄断法农业适用除外制度的分析。只不过，在农业适用除外制度的问题上，上述四要件体系可以得到很大程度的简化：一方面，反垄断法农业适用除外制度本身并不包含对主观过错问题的判断，亦即，只要农业领域的特定主体、特定行为符合法定的适用除外范畴，则不论其实施行为时抱有何种主观态度——故意抑或过失——均应当置于反垄断法适用除外的范围。换言之，反垄断法农业适用除外制度的构成要件并不包含“主观方面”这一要件的限制。即使在农业领域的经营者以恶意垄断和妨碍市场竞争的目的实施限制竞争行为，只要其主体适格、行为处于适用除外制度设计的范围之内，即不妨碍其获得适用除外资格。另一方面，反垄断法农业适用除外制度其实也不包含严格的客体要件，在法学研究中，客体要件通常被用来分析特定违法行为所侵犯的法益。比如，在分析犯罪构成要件问题时，客体要件是指“我国刑法所保护而为犯罪行为所侵犯的社会主义社会关系”[2]；在分析不正当竞争行为或限制竞争行为的构成要件问题时，客体要件则是指竞争法所维护的经营者的正当利益或公平竞争秩序。[3] 反垄断法农业适用除外制度并不指向某一

---

[1] 种明钊主编:《竞争法（第三版）》，法律出版社 2016 年版，第 140–141 页。在本书中，对侵犯商业秘密行为构成要件的分析亦遵循了类似的范式，参见第 159–161 页。

[2] 张明楷:《刑法学（第四版）》，法律出版社 2011 年版，第 102–105 页。

[3] 种明钊主编:《竞争法（第三版）》，法律出版社 2016 年版，第 140–141 页、第 159–161 页。

违法行为，而仅仅是一个客观、稳固的制度设计，不存在独立的所谓“客体”要件的要求。

综上所述，笔者认为，反垄断法农业适用除外制度的实体性要件仅包含“主体”和“客观方面”两部分内容，它们可以分别界定为农业适用除外制度的“主体要件”与“行为要件”。反垄断法农业适用除外制度的主体要件明确的是哪些农业领域的经营者享有不适用反垄断法资格的问题，而行为要件明确的是哪些农业领域的限制竞争行为不适用反垄断法的问题。两大要件分别对应农业领域的特定法律主体和法律行为。只有农业领域的竞争行为同时具备主体要件、行为要件两方面的要求，该领域才真正属于不适用反垄断法的范畴。

（二）程序性要件问题：反垄断法农业适用除外是否存在前置性审查程序

与实体性要件处理的是哪类法律主体和法律行为享有反垄断法适用除外资格的问题不同，程序性要件处理的问题则是：经营者应当履行何种法律程序，方能取得反垄断法适用除外地位？对此问题，有研究认为，必须针对特定的农业竞争行为开展一定的认定、审查和执行程序，反垄断法农业适用除外制度方能构成。该研究还以欧盟竞争法为例说明了程序性要件的实施过程：依据欧盟竞争法的要求，一个限制竞争协议如果得到反垄断法豁免，相关经营者必须向欧盟委员会进行申报，只有在得到欧盟委员会豁免决议的情况下，该类限制竞争协议才不适用反垄断法。据此，该学者认为：“欧盟关于豁免制度程序的规定……体现了欧盟竞争法律制度的现代化。对我国建立反垄断法农业豁免制度的适用及认定程序的构建，更加具有重要的借鉴意义。”[1]

但是，上述观点实际上是在混淆反垄断法的“适用除外”和“适用豁

---

[1] 刘琶:《反垄断法农业豁免制度研究》，知识产权出版社 2012 年版，第 127 页。

免”制度的基础上产生的误解。如本书的前言部分所述，反垄断法适用除外制度的性质是将特定社会经济领域或产业部门排除在反垄断法调整范围之外。这便意味着：一旦某类市场竞争行为被明确处于适用除外的范围之内，则无须另行经过任何法律程序，自始享有适用除外资格，即“绝对不适用”“当然不适用”。换言之，反垄断法适用除外制度自身的性质决定了其无须履行特定程序，这与适用豁免制度存在明显不同，后者通常是“一事一议”的。[1]一个限制竞争行为是否能够得到豁免，通常需要反垄断主管机关在针对该行为的具体审查程序中进行个案判断，而适用除外制度则不然。在前文所述的学者观点中，针对欧盟所谓反垄断法农业适用除外制度程序性要件的分析实际上是有关垄断协议豁免程序的规定，并非欧盟委员会针对农业适用除外制度的设计。[2]该观点实际上是将反垄断法的“适用豁免”与“适用除外”张冠李戴的结果。[3]

综上所述，笔者认为，在满足实体性要件的前提下，农业领域的经营者即可当然获得反垄断法适用除外资格，不存在前置性、审查性的程序要件的额外要求。换言之，反垄断法的农业适用除外制度遵循的是一种“事后控制”模式，“无须进行事先预审而可以直接适用，仅仅考虑事后的监

---

[1] 黄进喜:《反垄断法适用除外与豁免制度研究——以产业政策与竞争政策的冲突与协调为视角》，厦门大学出版社 2014 年版，第 51 页。

[2] 在该论述中，作者认为，在反垄断法农业适用除外制度程序性要件的实施过程中，“一个限制竞争协议如果想根据《欧共体条约》第 81 条第 3 款的规定得到豁免，这个协议就必须向欧共体委员会进行申报”。参见刘替:《反垄断法农业豁免制度研究》，知识产权出版社 2012 年版，第 120 页。但事实上，恰如作者本人所述，此处所谓“《欧共体条约》第 81 条第 3 款”规定的是垄断协议的豁免条件问题，并非欧盟反垄断法农业适用除外制度的法律渊源。欧盟反垄断法农业适用除外制度主要依靠《关于农产品生产与贸易领域适用特定竞争规则的 26 号法规》实施，该法规并未规定适用除外的前置性审查程序。

[3] 事实上，即便是欧盟针对垄断协议所设置的前置性适用豁免程序，也在 2004 年被《关于执行欧共体条约第 81 条和第 82 条竞争规则的规定》废除，在这之后，对于符合法定豁免条件的垄断协议，无须再向委员会申报，即可自行实施。因为“欧共体委员会无力对数目众多的申报项目进行及时审查，使获得批准的书目与申报的书目相去甚远”，“申报制度不利于委员会集中资源遏制最严重的违法行为，而且还加大了企业的申报成本”。参见黄进喜:《反垄断法适用除外与豁免制度研究——以产业政策与竞争政策的冲突与协调为视角》，厦门大学出版社 2014 年版，第 174 页。

督、撤销和救济的问题”。[1]因此，在对反垄断法农业适用除外制度构成要件的界定中，仅包含对实体性要件（包含主体要件和行为要件两部分）的要求，而不存在所谓的程序性要件。

二、反垄断法农业适用除外制度的主体要件

反垄断法农业适用除外制度以农业领域的特定经营者为主体要件。一般认为，所谓的“农业”主要由以下五大核心领域组成：利用土地资源进行种植生产的种植业（亦称为狭义的农业）；利用土地上水空间进行水产养殖的渔业；利用土地资源培育采伐林木的林业；利用土地资源培育或者直接利用草地发展畜牧的畜牧业；对种植业、渔业、林业和畜牧业的生产经营活动提供服务，或对其农产品进行小规模加工或制作的副业。[2]以上五大领域通常被合并简称为“农、林、牧、副、渔”，它们构成现代农业的核心业务。在由国家统计局起草，国家质量监督检验检疫总局、国家标准化管理委员会批准发布，2017年10月1日实施的《国民经济行业分类》最新标准（GB/T 4754—2017）中，上述五大门类也构成农业行业门类的全部内容。

反垄断法农业适用除外制度中的“农业”显然也包含上述五大门类，但除此之外，反垄断法农业适用除外制度还涉及对农产品的一系列流通环节业务是否适用反垄断法的探讨，即农产品在完成生产和初步加工后所进行的储存、运输、批发、零售等各类业务，针对这类业务是否属于反垄断法适用除外范围的问题，不同国家立法、不同学术论述均有明显的观点差别。因此，在反垄断法农业适用除外制度中的所谓“农业”，既包含农、林、牧、副、渔五大产业有关作物、林木、牲畜、水产及其加工制作产品

---

[1] 钟刚：《反垄断法豁免制度研究》，北京大学出版社2010年版，第158页。
[2] 陈叶兰主编：《农业法与公共政策》，中国农业出版社2013年版，第1页。

的生产环节，还包括这类产品的储存、运输、批发、零售等一体化的农产品流通业务。依此标准，农业领域的经营者主要包含农产品生产、加工环节的农业生产者和农产品流通环节的农产品流通商两类，两类法律主体分别处于农业生产经营活动的上游和下游。

针对两类不同主体的适用除外主体资格问题，不同国家反垄断法农业适用除外制度的选择各有不同，但总体而言，各国反垄断法更倾向于将上游农业生产者及其联合组织纳入适用除外范围，而对下游农产品流通商是否享有该资格的问题，不同国家做法并不一致。

农业生产者在农产品流通过程中的弱势地位、较差的议价能力，以及在国家公共利益层面提高农民收入、促进农村发展的公共政策，是其得以享有反垄断法适用除外主体资格的原因所在。前文已述，农业生产具有对自然环境较高的依赖性、较弱的抗风险能力等特征，这使农业生产经营活动具有很强的脆弱性，农贸市场、大型超市等重要的农产品流通渠道对农业生产者的重要性极强。如果农业生产者彼此之间的协作程度不足，相较农产品流通商，其议价能力很弱，很难分享农产品流通过程所产生的增量收益。[1]此时，再将其置于反垄断执法的威慑之下，抑制不同农业生产者之间的联合或协作能力，将进一步加剧农民的弱势地位。正是在此种考虑下，凡是设置了反垄断法农业适用除外制度的国家，农业生产者是这其中最当然的、最重要的适用除外主体。

值得注意的是，此处的“农业生产者”应当适度做广义的理解，即除了从事直接的农业耕作、劳务活动之外，其他从事与农业生产密切相关的农业服务、初级农产品加工类业务、在观念上属于“农民”的任何自然人，都适宜界定为农业生产者。如从事农作物病害防治、机械灌溉、农作物收获后的初级加工的经营者，这类经营者本质上是农业生产活动的直接

---

[1] 李亮国：“农业反垄断法适用除外的农产品经营活动研究”，载《改革与战略》2017年第6期。

延伸，其在市场竞争中的地位和特性与直接的农业生产者并无本质区别，且在很多情况下，从事农业耕作活动的农民自身就会直接从事这类业务，它们理应亦具有适用除外主体资格。

在农业生产者被授予反垄断法适用除外主体资格的前提下，由农业生产者组成的各类联合组织显然亦应当享有反垄断法适用除外资格。这主要是指以下三种情形：第一种情形是主要由农业生产者集体投资或设立的各类从事农业生产经营活动的企业，如我国的乡镇企业、乡村集体所有制企业，等等；第二种情形是能够当然代表农业生产者利益的一些非营利法人或社会团体，比如我国的农村集体经济组织、农村基层自治性组织，等等，这类组织虽不直接从事农业生产活动，但属于农业生产者利益的当然代表人，本质上是农业生产者利益的一种延伸；第三种情形是由农业生产者基于协作或合伙的目的组成的互助性社会组织，比如由农业生产者组成的联营组织、合作社，等等。

与上述内容相对应的，对于从事农产品运输、批发、零售等业务的农产品流通商是否具有反垄断法适用除外主体资格的问题，则更为复杂。从不同国家的立法状况来看，虽不乏国家明确赋予了农产品流通商的反垄断法适用除外主体地位（如以色列），但整体来看，在主流发达国家和地区——如欧盟、美国、日本——的立法中，均否定农产品流通商的适用除外主体资格。究其原因，正如前文所述，由于农业生产经营活动对农产品流通渠道的依赖性较强，农产品流通商本身即在农业产业环境中居于一定的优势地位，为了确保农业市场的健康发展，本身即有必要对农产品流通商可能实施的滥用市场支配地位或缔结垄断协议的行为进行防范，此时，再将其行为纳入反垄断法适用除外制度的范畴，反而会令其受到过度保护，这对农产品流通市场竞争秩序的健康发展来说，并不值得提倡。

综上所述，虽然不同国家的立法例对反垄断法农业适用除外制度的主体要件作出了不同的规定，但总体而言，不论是从农业适用除外制度设置的目的来看，还是从各国该制度的现实状况来看，处于产业链条上游的农业生产者及其组成的各类联合组织通常更容易被赋予适用除外主体资格，而对处于产业链条下游，从事农产品运输、批发、零售的流通商来说，各国立法的主流倾向是不赋予其适用除外地位。

三、反垄断法农业适用除外制度的行为要件

反垄断法农业适用除外制度的行为要件解决的是农业领域的哪些限制竞争行为可以不适用反垄断法的问题。即便一个农业领域的经营者符合了反垄断法农业适用除外制度的主体要件的要求，但如果它实施的限制竞争行为并不属于行为要件的合法范畴，亦不应赋予其适用除外地位。

若以我国《反垄断法》对限制竞争行为所作的类型划分为标准，限制竞争行为主要包含垄断协议、滥用市场支配地位和经营者集中三类。总体而言，各国倾向于不把滥用市场支配地位和经营者集中纳入适用除外范畴，至于垄断协议，虽然多数国家认可其属于农业适用除外的范围，但也会对其具体范畴进行适度的限制。在联合国出台的有关反垄断法农业适用除外制度的研究报告中，也倾向于只将垄断协议纳入适用除外范畴，而不包含滥用市场支配地位和经营者集中。[1]

经营者滥用市场支配地位的行为之所以不属于适用除外范畴，是因为此类行为是一个已经具有一定垄断地位的经营者实施的单一行为。前文已述，各国反垄断法主要倾向于赋予上游农业生产者及其联合组织适用除外地位，其立法意图在于：通过这种制度设计鼓励农业生产者之间适度达成协议或一致行动，这便能提高上游农业生产者与下游农产品流通商之间的议价能力，进而能更多分享农产品在流通环节中的溢价利益。但是，在经营者实施滥用市场支配地位的行为场合下，该行为的法律性质本身即意味

---

[1] R. Shyam Khemani. Application of Competition Law: Exemptions and Exceptions, New York and Geneva: UNCTAD/DITC/CLP/Misc.25, 2002, 1.

着该主体在相关市场上具备一定的控制和优势地位，其已然不属于农业生产经营活动中的弱势群体，赋予此类行为适用除外地位不符合反垄断法农业适用除外制度设计的初衷。

至于农业领域的经营者集中现象，其之所以通常不被赋予反垄断法适用除外地位，则主要是基于以下考虑一方面。与垄断协议和滥用市场支配地位属于对经营者实施的某类行为进行的规制相比，经营者集中实际上是一种“结构性规制”，即对某类达到标准的企业并购开展的审查程序；而反垄断法适用除外制度设置的目的则是基于公共利益或其他考虑，将特定领域、特定主体实施的特定行为免于反垄断法的调整，它本身即是针对具体行为所设置的制度，而非特定市场的结构性问题。另一方面，具体到农业市场来看，该类产业的生产经营特征决定了其市场集中度通常不高，这本身即意味着，农业领域的经营者达到经营者集中审查标准的可能性是较低的；如果一起农业经营者的并购达到了经营者集中审查的标准，则可能意味着该领域中已经出现了较明显的垄断化倾向，此时，将其纳入反垄断审查的标准，具体地考量其是否有可能排除、限制竞争，于公共利益而言是有必要性的。

综上所述，在反垄断法所调整的三类限制竞争行为——垄断协议、滥用市场支配地位、经营者集中之中，只有垄断协议属于大多数国家纳入反垄断法农业适用除外范围的一类限制竞争行为。但是，不同国家或地区在设计具体法律制度时，也会将垄断协议中几类有可能会严重限制市场竞争的特殊行为排除在适用除外范围。比如，在欧盟，基于对价格垄断协议可能产生较严重的限制竞争后果的考虑，如果农业生产者及其协会缔结了价格垄断协议，则该类行为依然应受到反垄断法的审查，不属于适用除外范围。再比如，在美国，基于将适用除外的主体范畴严格限制在农业生产者及其联合组织的考虑，只要缔结垄断协议的所有参与者存在非从事农业生产的主体，该协议即不享有适用除外地位。因此，在反垄断法农业适用除外制度的行为性要件中，垄断协议是不同国家设置该制度时的共性，但在不同国家立法的具体设置中，亦存在细微的差别。

本章小结

本章以反垄断法农业适用除外制度的基本内涵、价值取向、构成要件为研究内容。通过本章的分析，主要对反垄断法农业适用除外制度达成了以下三方面的研究结论。

其一，关于反垄断法农业适用除外制度的基本内涵。可以将反垄断法农业适用除外制度的概念界定为：在反垄断法的制定和实施过程中，基于对落实农业产业政策的现实需求、对农业生产者或消费者等弱势群体的倾斜性保护、对国家农业安全利益的维护等特殊考虑，将特定的农业市场主体和竞争行为排除在反垄断法调整范围之外的法律制度。该制度以农业领域的特定主体与特定行为为调整对象，以农业产业法与竞争法的制度衡平为实施目标，以对多样化农业公共利益的追求为功能定位。

其二，关于反垄断法农业适用除外制度的价值取向。反垄断法农业适用除外制度是在综合研判农业产业环境“上游弱、下游强”结构性特征的基础上，对农业产业发展中农业生产者、流通商、消费者以及社会公众等利益需求进行平衡、协调的结果，它划定了农业产业政策和竞争政策各自发挥作用的空间。一方面，通过农业产业政策，促进农业生产者的组织、协调和发展，提高其在农业产业链条中的议价能力，以此确保农产品以总量充分、价格稳定的形式在市场上进行供应；另一方面，通过农业竞争政策，促进农产品流通商开展有序竞争和优胜劣汰，并对其可能实施的限制竞争行为进行有效规制。

其三，关于反垄断法农业适用除外制度的构成要件。反垄断法农业适用除外制度的构成要件由主体要件和行为要件两部分组成。在主体要件层面，处于产业链条上游的农业生产者及其组成的各类联合组织通常更容易被赋予适用除外主体资格，而对处于产业链条下游，从事农产品运输、批发、零售的流通商来说，各国立法的主流倾向是不赋予其适用除外地位。在行为要件层面，各国倾向于不把滥用市场支配地位和经营者集中纳入适用除外范畴，至于垄断协议，虽然多数国家认可其属于农业适用除外的范围，但也会对其具体范畴进行适度的限制。

第二章　反垄断法农业适用除外制度的国内外比较研究*

本章将系统梳理国内外反垄断法农业适用除外制度的基本立法与实践状况，进而开展比较研究。在国外制度方面，本章选取若干具有代表性的发达国家或地区反垄断法开展分析，包括欧盟、美国、日本、韩国和以色列，这些国家和地区的反垄断法农业适用除外制度均具有各自的特色，同时又具有一定的共通性。而在国内制度方面，本章将对我国《反垄断法》第 69 条规定的农业适用除外制度的基本内容、立法特色和实施状况开展系统研究，并对国内外立法状况开展对比分析，反思我国当前制度设计存在的问题。

第一节　国外反垄断法农业适用除外制度的基本类型

本书第一章已述，反垄断法农业适用除外制度的构成要件由主体和行为两部分组成：在主体要件层面，理想的反垄断法农业适用除外制度应主

* 湖北经济学院法学院副教授段宏磊对本章的文献查阅、体例设计和部分段落写作有贡献，但文责自负。

要赋予农业生产者及其联合组织的适用除外地位，而对处于农业生产经营链条下游的农产品经销商，则仍有必要将其置于反垄断执法的威慑之下；在行为要件层面，经营者实施的滥用市场支配地位和经营者集中两类行为通常不具有适用除外地位，即使是垄断协议，其中也有部分行为有可能排除在适用除外范围之外。简言之，理想的反垄断法农业适用除外制度应主要将主体要件限制在农业生产者及其联合组织范畴，将行为要件限制在垄断协议范畴。在实践中，不同国家和地区的制度设计在总体规律上符合上述所谓“双重限制”的总结，但彼此之间仍存在细微的差别。总体而言，欧盟、美国的制度设计最符合前文有关构成要件的总结，即均对农业适用除外制度的主体和客体范畴进行了有效限制，只不过，基于立法传统的不同，欧盟倾向于以立法的形式进行限制，美国则倾向于以判例的形式进行限制。与欧盟、美国相比，日本、韩国的反垄断法农业适用除外制度设计更特别一些，它们并不存在真正意义上的农业适用除外制度，只是通过赋予合作社适用除外资格的形式，间接实现了特定农业领域不适用反垄断法。而以色列的制度设计则更为特别，它并不符合本书第一章对反垄断法农业适用除外制度构成要件的界定规律，将适用除外范围适度向农产品流通渠道的经营者进行适度扩张。

综上所述，本节所分析的国外反垄断法农业适用除外制度的基本类型主要包含四类：以欧盟为代表的立法限制型，以美国为代表的判例限制型，以日本、韩国为代表的合作社型，以以色列为代表的扩张型。后文分别介绍这四类制度立法和实施的基本情况。

一、欧盟：立法限制型的农业适用除外制度

在欧盟，农业领域的反垄断法适用问题主要存在三类法律渊源：第一类为《欧洲联盟运行条约》第七编第一章第 101 ~ 109 条对竞争规则的系统规定，该部分内容属于欧盟竞争法的主要渊源；第二类为《欧洲联盟运

行条约》第三编"农业与渔业"的相关规定，该部分内容属于欧盟农业产业法的主要渊源，在该部分内容中，欧盟明确了农业产业政策与竞争政策之间的关系和适用原则；第三类为《关于农产品生产与贸易领域适用特定竞争规则的26号法规》，该法规属于对反垄断法农业适用除外问题的专门规定。

在《欧洲联盟运行条约》第101~109条对竞争规则的基础规定中，并未涉及农业问题。但是，通过该条约第三编"农业与渔业"，欧盟建立起了体系化的农业产业政策，并且明确规定，第七编第一章有关竞争规则的规定在农业领域的适用要以不影响"共同农业政策"为前提，亦即农业产业政策具有优于竞争政策适用的地位。根据第三编的相关规定，欧盟所谓"共同农业政策"的基本内涵主要包括以下内容。

其一，从该类农业政策适用的范围上来看，它主要适用于"农业与农产品贸易"相关领域，此处的所谓"农产品"包含土地上生产的农林作物产品、畜牧产品和水产品，以及与这些产品直接相关的初加工产品。[1]由此可见，有关农产品的生产、加工与贸易的整体产业链条均属于共同农业政策的调整范围。

其二，该类共同农业政策的基本目标包括五个方面：（1）通过促进技术进步确保农业生产合理发展与生产要素的最佳使用，特别是劳动力的最佳使用，以此来提高农业生产力；（2）通过提高农业生产者的收入，确保农业人口享有令人满意的生活水平；（3）稳定农业市场；（4）保证农产品的充分供应；（5）确保农产品以合理的价格供应给消费者。[2]这五个方面可以简单总结为农业产业发展、市场稳定、农民利益保护、农产品充分供应、农产品价格稳定，由此可见，欧盟对共同农业政策基本内容的要求与本书第一章第一节所分析的农业领域多重利益衡平的逻辑是一致的。

---

[1] 《欧洲联盟运行条约》第38条。《欧洲联盟基础条约——经〈里斯本条约〉修订》，程卫东、李靖堃译，社会科学文献出版社2010年版，第67-69页，后文不再重复引注。

[2] 《欧洲联盟运行条约》第39条。

其三，为实现共同农业政策的上述五大目标，条约明确规定了一系列措施，通过积极的政府干预落实共同农业政策，或鼓励农业生产者达成适度的协作与联合。比如，条约规定应成立农业市场共同组织，该组织可对农业市场的竞争规则达成协同，进行农产品价格协调和管理，对各类农产品的生产和销售予以援助，协助农产品的储存、运输、进出口问题等。[1]鼓励制定有关协调职业培训，研究和普及农业知识，对项目、机构或处于不利条件的企业给予联合资助，促进某些农产品消费等方面的共同农业政策。[2]据此，通过《欧洲联盟运行条约》的相关规定，欧盟的农业产业政策具有优先于竞争法适用的地位，反垄断执法只有在不违背上述共同农业政策相关规定的前提下，方具有适用空间。

在实践中，欧盟委员会则通过《关于农产品生产与贸易领域适用特定竞争规则的 26 号法规》进一步对反垄断法农业适用除外的范围进行了细化规定。该文件经 2006 年 1184 号法规进行了形式上的修改，但此次修改并未改变规定的实质内容，仅是在术语、形式等方面使其与新的欧盟规则框架相适应。[3]根据该法规，农业领域的限制竞争行为仅在满足上述共同农业政策五大目标的基础上，具有适用除外资格；且明确将适用除外的范围限定为农业生产者及其协会的生产、销售、贮藏、处理或加工行为，不直接参与农业生产的流通环节的经营者联合行为不在适用除外范围之内；另外，即使是农业生产者及其协会之间实施的联合行为，如果该联合行为涉及价格垄断协议，亦不属于反垄断法适用除外的范围。[4]

综上所述，欧盟的反垄断法农业适用除外制度具有以下典型特征：其一，在立法形式上，欧盟明确赋予了农业产业政策优先于竞争政策适用的

---

[1] 《欧洲联盟运行条约》第 40 条。

[2] 《欧洲联盟运行条约》第 41 ～ 42 条。

[3] 刘替:《反垄断法农业豁免制度研究》，知识产权出版社 2012 年版，第 63 页。

[4] Arie Reich. “The Agricultural Exemption in Antitrust Law: A Comparative Look at the Political Economy of Market Regulation” . *Texas International Law Journal*, VOL. 42.

地位，在此基础上，只有农业领域的市场竞争行为符合农业产业政策既定目标时，才有可能具有反垄断法适用除外的资格；其二，在立法内容上，欧盟通过单独制定法规的形式，将反垄断法农业适用除外制度的主体要件和行为要件进行了明确的限缩，即处于产业链条上游、真正参与农业生产过程的农业生产者及其联合组织可以免于反垄断审查，下游链条的农产品经销商则无适用除外资格，即使是农业生产者缔结的协议，若涉及价格垄断的，亦会受到反垄断审查，不享有适用除外地位。

二、美国：判例限制型的农业适用除外制度

美国几乎是最早明确规定反垄断法农业适用除外制度的国家，早在 20 世纪初，通过数个有关反垄断或农业的单行法，明确规定了农业领域的特定组织、特定行为不受反垄断法调整；随即在实践中，又经过多个判例陆续对适用除外的具体范畴予以限制和规范。

1914 年《美国克莱顿法》第 6 条是美国最早明确规定反垄断法农业适用除外制度的法律条文，该条规定，“人的劳动不是商品或者商业物品”“以互助为目的，无资本、非营利的劳动组织、农业组织、园艺组织”的存在和活动不属于反垄断法的调整范围。[1] 该条的所谓“劳动组织”相当于赋予了工会的反垄断法适用除外范围，而所谓“农业组织、园艺组织”则首次明确了农业的反垄断法适用除外制度，这有利于使农户组织起来，成立各类农业合作组织，从而提高与农产品的中间商讨价还价的能力。[2]

但是，《美国克莱顿法》第 6 条的规定过于笼统，在实践中缺乏明确的可操作性。真正赋予美国反垄断法农业适用除外制度实践操作性的是

---

❶ 15 U.S.C. §17.

❷ 黄进喜：《反垄断法适用除外与豁免制度研究——以产业政策与竞争政策的冲突与协调为视角》，厦门大学出版社 2014 年版，第 101 页。

1922年的《美国凯普沃斯蒂德法》。该法第1条规定，受到特殊保护的农业生产者被界定为“农民、植物园主、牧场主、坚果或水果种植业者或乳品场主等参与农产品生产的人”，这基本能涵盖种植业、林业、牧业和渔业领域从事农业生产的主体，[1]符合法律要求的农业生产者组成的非营利的具有互助性质的联合组织享有适用除外资格。在《美国凯普沃斯蒂德法》中，对此类农业联合组织进行了以下两方面的资格限制。首先，立法对参与该联合组织的成员身份进行了严格限制，成员原则上必须均属于农业生产者，即直接参与农业生产，对农业生产的结果承担直接利益和相关风险的法律主体；且农业生产者的这种联合必须是基于互助性的目的，联合组织本身不能具有超出参与联合的农业生产者的其他营利性目的，联合组织为非成员处理的商品价值不能超过为成员处理的商品价值。其次，《美国凯普沃斯蒂德法》制定了著名的“一人一票”标准和“回报率8%”标准对农业联合组织的治理结构进行限制。所谓“一人一票”标准是指，任何参与联合的农业生产者成员，不论其投资多少，在联合组织的内部表决中，均不享有超过一票的表决权；所谓“回报率8%”标准是指，投资较多的农业生产者成员虽不享有更高表决权，但可以获得更高的投资年回报率，该回报率不得超过8%的上限。[2]设置“一人一票”和“回报率8%”规则的原因在于：这可以防止在农业联合组织内部产生大股东会员控制组织的情况，从而确保该组织的运营是以维护农业生产者的互助性共同利益需求为目的。[3]换言之，这些规则可以防止反垄断法适用除外的范围扩散至非

---

[1] 这一主体范围虽然能涵盖种植业、林业、牧业和渔业的相关农业生产者，但美国立法对“农产品”的界定是比较倾向于狭义范畴的，此处农产品的概念仅包含未经加工环节的初级农产品，彼时曾有立法资料表明，对于农产品的加工商、包装商等，即在传统上认为属于农业之“副业”范畴的经营者，就被排除在农业生产者的范围之外，从而不享有反垄断法适用除外资格。David P. Claibome. “The Perils of the Capper–Volstead and Its Judicial Treatment: Agricultural Cooperation and Integrated Farming Operations”. *Willamette Law Review*, VOL.38, 2002.

[2] 7 U.S.C. §291.

[3] Donald A. Frederick. “Antitrust Status of Farmer Cooperatives: The Story of the Capper–Volstead Act”. *Cooperative Information Report* 59, 2002 (9).

直接从事农业生产的其他经营者的利益范畴。

除了《美国克莱顿法》和《美国凯普沃斯蒂德法》之外，在美国的其他农业单行立法中，如1926年《美国合作推销法》、1934年《美国渔农合作销售法案》等，其中存在对农产品生产经营活动一些协作性事项授权的规定，也在一定程度上相当于明确了一些特定行为的反垄断法农业适用除外制度资格。[1]但整体而言，美国反垄断法农业适用除外制度的基本框架及实践运作主要以《美国凯普沃斯蒂德法》所确立的规则基础为依据。

美国是一个判例法国家，法律规定仅为制度的实施确立了基本依据，在司法实践中，美国通过多个判例对反垄断法农业适用除外制度的主体要件和行为要件进行了不断限缩。

在反垄断法农业适用除外制度的主体要件方面，判例实践需要明确的主要问题是：如果实施限制竞争行为的经营者中既包含农业适用除外的适格主体，即农业生产者及其联合组织，又包含非适格主体，如农产品流通渠道的经销商，此时该行为是否不适用反垄断法？此问题在1939年的United States v. Borden案中得以明确，在该案中，由牛奶生产者组成的农业联合组织与经销商、工会等非农业联合组织共同实施了固定牛奶价格的垄断协议。法院否认其拥有适用除外的资格，亦即，只有纯粹的农业联合组织之间的非营利性互助行为方属于适用除外的主体范围。[2]另外一个与之相类似的问题则是，如果一个农业生产者联合组织中的绝大多数都属于适格的农业生产者，但仍包含较小比例的其他不适格主体，

---

❶ 1926年《美国合作推销法》允许在农业生产者之间进行“过去、现在和未来的农作物，市场行情，统计上的，经济或其他的”信息交流，而在一般的反垄断执法中，具有竞争关系的经营者之间对这些敏感市场信息的交流可能会被认为有助于达成卡特尔，而遭受禁止。1934年《美国渔农合作销售法案》则规定：“那些在渔业中捕捉、收集或养殖水产品的渔民和在公共或者私人水地种植水产品的种植者，可以在一起组成合作社、法人团体等组织……”这一规定使渔业从业人员在生产、供货、销售商形成的合作组织能免于反垄断审查。有关两部法律规定具体内容的介绍可参见黄进喜：《反垄断法适用除外与豁免制度研究——以产业政策与竞争政策的冲突与协调为视角》，厦门大学出版社2014年版，第101-102页。

❷ United States v. Borden，308 U.S. 188（1939），rev’g 28 F. Supp. 177（N.D.III，E.D.1939）.

该联合组织的行为是否不受反垄断法调整？该问题在不同司法判例中的认定存在细微差别，但整体上倾向于其不享有适用除外资格。在 1967 年的 Case-Swayne v. Sunkist Growers 案中，Sunkist 合作社即属此类情形，该合作社的成员有八成以上由柑橘种植者组成，但除此之外，仍包含不属于农业生产者的占据 15% 左右的营利性柑橘包装厂，法院最后认定，适用除外的联合组织成员必须全都属于农业生产者。[1] 这一严苛的逻辑在后续的几次判例中均未有根本性的更改，但在进入 20 世纪 80 年代后，有几次判例进行了一定程度的调整，根据相应判例，如果农业生产者的联合组织中只存在数量较少的非农业生产者，同时其不享有表决权和决策权，仅参与分红，则可将其视为不构成农业联合组织的“实质成员”，亦能获得反垄断法农业适用除外资格。[2]

在反垄断法农业适用除外制度的行为要件方面，司法判例的发展趋势主要呈现为：首先，要区分相关限制竞争行为属于单方面实施的“排他行为”还是多个主体联合实施的协议，如果是后者，则与上述有关主体要件的要求相同，即所有参与主体必须均属于适格的农业生产者联合组织，只要参与者中存在非农业生产者联合组织，即不享有适用除外资格，应当接受反垄断审查。[3] 而如果是农业生产者联合组织实施的“排他行为”，则均不属于适用除外范围，应当受反垄断法的调整和管辖。所谓“排他行为”是美国反垄断法中比较复杂的一类垄断行为，它的性质与中国语境中的滥用市场支配地位行为较为类似，其基本内涵是“企业不用合作就能够获得或维持垄断力的手段。主要的行为包括搭售、掠夺性削价、纵向兼并、独

---

[1] Case-Swayne v. Sunkist Growers, 369 F. 2d 449, 461-463,（9th Cir.1966）, rev' d, 389 U.S. 384（1967）.

[2] Alexander v. National Farms Org., 687 F.2d 1173, 1185-87（8th Cir.1982）, cert. denied, 461 U.S. 937(1983）以及 Agritronics Corp. v. National Dairy Herd Ass'n, 914 F.Sup.(814）(N.D.N.Y. 1996）.

[3] 这一结论来自 North Texas Producers Association v. Young, 308 F.2d 235（5th Cir.1962）, cert. denied, 372 U.S.929（1963）.

占交易以及拒绝交易”。[1]在不同的判例中，逐渐将农业联合组织实施的多类行为归为“排他行为”的范畴，从而将其排除在反垄断法农业适用除外范围之外，这主要包括：农业联合组织制定了“黑名单”，禁止其成员与名单上的经营者进行交易[2]；农业联合组织联合其他经营者集体抵制某些交易对象[3]；农业联合组织在交易过程中施加了不公平的交易条件[4]。

综上所述，美国的反垄断法农业适用除外制度具有以下特征。其一，基于判例法系的传统，美国有关反垄断或农业的法律文本仅明确了农业适用除外制度的一个简单框架，后续通过各种判例对农业适用除外的主体要件和行为要件不断进行明确。这些司法判例实践发展的过程基本上是一个对适用除外的具体范畴不断进行限制的过程。其二，在适用除外的具体范畴上，美国与欧盟遵循了一个类似的逻辑，即均倾向于将上游链条的农业生产者及其联合组织置于适用除外范畴，而原则上不认可农产品流通商的适用除外地位。在一些情况下，即使农产品流通商较小比例地参与了农业联合组织，成为其成员之一，只要有证据证明其有权利参与联合组织的表决和决议，则该组织即不具备适用除外资格。其三，相较欧盟，美国反垄断法农业适用除外制度的一个特点是，它并不排斥农产品的价格垄断协议，只要该协议的缔结主体均符合适格的要求，即不适用反垄断法，而欧盟则明确将农产品的价格垄断协议排除在适用除外范围。

三、日本、韩国：依托于合作社的农业适用除外制度

日本、韩国并不存在真正意义上的反垄断法农业适用除外制度。不论

---

[1] ［美］理查德·A. 波斯纳:《反托拉斯法（第二版）》，孙秋宁译，中国政法大学出版社 2003 年版，第 225 页。

[2] United States v. King 2 29 F.276（D.C.Mass.1915）; 250 F.908（D.C.Mass.1916）.

[3] Gulf Coast Shrimpers & Oystermans Ass'n v. United States, 236 F. 2d 658（5th Cir.1956）, cert. denied, 352 U.S. 927（1956）.

[4] United States v. Maryland & Virginia Milk Producers Ass'n, 362 U.S. 468（1960）.

是《日本禁止私人垄断与确保公平交易法》还是《韩国独占规制及公正交易法》，均不存在对农业适用除外制度的直接规定，而是均通过赋予“合作社”这一类特别法律主体适用除外资格的形式，间接地实现反垄断法农业适用除外的实际功能。

《日本禁止私人垄断与确保公平交易法》第22条规定，依专门法律规定设立的合作社（包括合作社的联合），其行为具备以下条件时，不适用该法，除非该合作社实施了不公平交易行为，或实质性限制特定交易领域的竞争导致价格不正当提高：（1）以小规模经营者或消费者之间的互助为目的；（2）合作社系自由设立，可自愿加入或退出；（3）成员间享有平等表决权；（4）拟向合作社成员分配利益时，限于法律、内阁法令或团体章程规定的范围内。[1]

韩国的规定与日本极为相似。在法律制定过程中，韩国适度移植和学习了日本的相关立法经验，这使《韩国独占规制及公正交易法》很多条款的规定与日本条文存在一定渊源。该法第60条的规定即与《日本禁止私人垄断与确保公平交易法》第22条的规定高度雷同：“本法的规定不适用于具备以下各项规定的要件而设立的合作社（包括组合的联合会）的行为。但是，实施不公正交易行为或者不当地限制竞争以提高价格的，除外：（1）以小规模的事业者或者消费者的相互资助为目的；（2）任意设立，合作社成员可以任意地加入或者退出；（3）各合作社成员具有平等的议决权；（4）向合作社成员分配利润时，其限度由章程规定的。”[2]

日本、韩国反垄断法中享有适用除外地位的所谓“合作社”是指“自愿联合起来的人们通过共同所有与民主管理的组织以实现其共同的经济、

---

[1] Iwakazu TAKAHASHI. “Anti-Monopoly Act Exemptions in Japan”. August 8, 2003, The Specific Workshop between the Drafting Committee on Competition Law of Vietnam and the Japan Fair Trade Commission.

[2] 该法条条文的译本参考了金河禄，蔡永浩：《中韩两国竞争法比较研究》，中国政法大学出版社2012年版，第255页。

社会与文化目标及需求的自治性联合体”。[1] 这类组织主要以满足会员的互助性社会需求为主，是一类非营利性的社会组织。合作社并不仅在农业领域中才出现，在诸多其他有关生产、消费、信贷的领域，一些处于弱势群体地位、具有同业关系的小规模经营者均有可能通过组建合作社的形式实现彼此间的互助与协作。[2] 日本、韩国将合作社置于反垄断法适用除外范畴，并通过一些规则明确了以下四个方面的内部组织特征：解决小规模经营者共同的利益需求；入社、退社自由；平等享有表决权；具有非营利性。这实际上是认可：以合作社形式组成的同业经营者之间的协作一定程度上是有利于市场竞争和公共利益的，没有必要将其纳入反垄断审查的范围。

日本、韩国立法赋予合作社反垄断法适用除外地位，其本意在于保护社会弱势群体、促进中小企业发展、鼓励社会互助与合作，而并非旨在专门解决农业领域的公共利益问题。但是，由于与其他领域相比，农业生产者的弱势地位更加明显，通过组建合作社的形式解决其在农业生产经营活动中的互助性需求，十分必要，这就是日本、韩国的相关立法连带发挥了反垄断法农业适用除外制度的作用。组建农业专业合作社，可以有效地提高农业生产者在农产品流通渠道中的议价能力，防止农产品流通商对其进行过分高价盘剥。[3]

依照日本、韩国反垄断法的规定，合作社在“实施了不公平交易行为，或实质性限制特定交易领域的竞争导致价格不正当提高”时，并不属于适用除外范围，亦应受到反垄断法的审查。据此，除价格垄断协议以外，日本、韩国立法统一将垄断协议、滥用市场支配地位和经营者集中

---

[1] International Co-operative Alliance. Statement on the Co-operative Identity. adopted in Manchester (UK) 23 September 1995, http://www.gdrc.org/icm/coop-principles.html.

[2] 孙晓红：《合作社立法模式问题研究》，知识产权出版社2012年版，第11页。

[3] Chopra Narayan. Cooperatives and Sustainable Development: A Case Study of Dairy Cooperatives. *Golden Research Journal*, 2012, (3).

均纳入适用除外范畴。但是，由于适用除外制度的主体要件仅局限于合作社，《日本禁止私人垄断与确保公平交易法》第22条、《韩国独占规制及公正交易法》第60条又均明确此类合作社必须符合非营利、互助性、以小规模经营者为主要成员等一系列限制性要求，这就使此类主体天然地难以实施滥用市场支配地位的行为，在进行集中并购时，也通常无法达到反垄断法所设置的申报标准。据此，从实际效果上来看，日本、韩国的反垄断法适用除外制度其实也主要以豁免非价格垄断协议为主，这使其呈现与欧盟立法相类似的情况。

除此之外，所谓“不公平交易行为”亦排除在反垄断法适用除外范围之外。不公平交易行为是日本反垄断法立法时较为特殊的一类限制竞争行为，它无法归类为反垄断法实体制度中垄断协议、滥用市场支配地位或经营者集中的任一类型。不公平交易行为本质上是多类不正当竞争行为的集合，鉴于《日本禁止私人垄断与确保公平交易法》在一定程度上体现出反垄断、反不正当竞争统一立法的特色，该法最初规制不公平交易行为的初衷是：由于规制垄断行为的门槛较高，对于未达到垄断行为标准，但具有阻碍公平竞争可能性的行为，不公平交易行为的规制可以起到预防性的规制作用。[1]日本对不公平交易行为的规制主要包括共同拒绝交易、差别性定价、不当廉价销售、限制转售价格、滥用相对优势地位等五种情形。[2]而在其他国家的立法中，此类行为通常归属于反不正当竞争立法的内容。

四、以色列：主体扩张型的农业适用除外制度

《以色列限制性商业行为法》第3条第4项规定，以下协议不属于垄断协议：“协议是关于限制一定区域内下列类型农产品的种植和销售的：水

---

[1] 戴龙:《日本反垄断法研究》，中国政法大学出版社2014年版，第58页。

[2] 戴龙:《日本反垄断法研究》，中国政法大学出版社2014年版，第59页。

果、蔬菜、农业作物、牛奶、鸡蛋、蜂蜜、牛、羊、家禽或者水产，协议成员均是农业生产者或批发商；该规定不适用于此类农产品的人造加工品。”[1] 该条内容是以色列反垄断法农业适用除外制度的主要法律依据。

根据《以色列限制性商业行为法》第3条第4项的上述规定，以色列的反垄断法农业适用除外制度呈现以下特征：其一，以色列明确地将适用除外的行为范畴限制在垄断协议范围内，而不包含经营者集中和滥用市场支配地位两类行为，这与欧盟、美国的做法相类似；其二，以色列的农业适用除外制度所涉及的范围并不包含林业，而仅包含“水果、蔬菜、农业作物、牛奶、鸡蛋、蜂蜜、牛、羊、家禽或者水产”的种植和销售，即统一包含种植业、牧业和渔业，林业生产者并不在适用除外范畴，换言之，以色列立法所理解的“农业”之范畴偏狭窄；其三，亦是最具特殊性的，以色列对农业适用除外制度的主体要件进行了扩张，它统一包含“农产品的种植和销售”的经营者，仅要求“协议成员均是农业生产者或批发商”，亦即，在农产品流通渠道从事批发业务的经营者亦享有反垄断法适用除外资格。[2]

以色列的上述反垄断法农业适用除外制度立法使其与欧盟、美国、日本、韩国等地的立法状况呈现较大差别，以色列明确地将部分下游农产品经销商亦纳入适用除外的主体资格范围，这实际上会强化农产品经销过程中批发商的议价能力，从而使这类群体“通过维持在销售环节经营者的适用除外地位，使农业生产者更频繁地遭受到其滥用市场支配地位行为的损害”。[3] 以色列的这种主体扩张型的农业适用除外制度在理论界遭受了批评，在实践中也造成一定的负面效果：农产品流通商的优势地位更加强劲，农业生产者

---

[1] Arie Reich. “The Agricultural Exemption in Antitrust Law: A Comparative Look at the Political Economy of Market Regulation” . *Texas International Law Journal*, VOL. 42.

[2] Yael Kachel, Israel Finkelshtain. “The Agricultural Exemption from Antitrust Regulation: A License for Cartel or a Necessary Evil for Cooperation?” http: //departments.agri.huji.ac.il/economics/en/events/israel–anti–paper.pdf.

[3] Arie Reich. “The Agricultural Exemption in Antitrust Law: A Comparative Look at the Political Economy of Market Regulation” . *Texas International Law Journal*, VOL. 42.

的利益难以得到有效保障，农产品的价格稳定性也受到一定程度的损害。因此，批评者认为，以色列的反垄断法农业适用除外制度在实践中偏离了其最初的立法目的。在上述背景下，以色列从2002年开始尝试改革该制度，多次试图对农业适用除外制度在农产品批发商中的适用范围进行限制，此改革尝试循环持续了数次，但一直没有本质上的改观。

第二节　中国反垄断法农业适用除外制度的立法及实践

我国《反垄断法》第69条规定："农业生产者及农村经济组织在农产品生产、加工、销售、运输、储存等经营活动中实施的联合或者协同行为，不适用本法。"该条为我国的反垄断法农业适用除外制度提供了明确的规范依据。但是，由于该条采用了极为笼统的语言对农业适用除外制度进行界定，立法中使用的部分语言，如"农村经济组织""联合或者协同行为"等，其具体内涵并不十分清晰；实践中，也未见与《反垄断法》有关的司法解释、实施细则或指南对该条的具体规则进一步予以明确或解释。所以，究竟农业领域的哪些主体和行为享有适用除外地位，在我国并非十分明确。本节内容将尝试对该条的基本内容、立法特征进行系统分析，并结合实践中的农业反垄断执法状况，系统评述我国反垄断法农业适用除外制度存在的问题。

一、《反垄断法》第69条的立法特征

《反垄断法》第69条位于该法最后一章"附则"的位置，并与第68条规定的知识产权适用除外制度相邻。从本条使用的立法语言和基本内容来看，我国的反垄断法农业适用除外制度主要呈现以下两个方面的立法特征。

其一，从该条内容的基本表述习惯来看，它主要借鉴和学习了欧盟的

反垄断法农业适用除外制度。相较具有浓郁判例法系传统的美国，我国《反垄断法》在制定过程中，更多地借鉴了欧盟竞争法的内容。“比对中国《反垄断法》与欧盟竞争法的相关规定，我们会发现两者非常相近，个别条款在用词表述方面具有高度一致性。”[1]这一规律也同样体现在反垄断法农业适用除外制度中。我国《反垄断法》第 69 条所使用的基本语言、基本句式、逻辑结构都明显与欧盟《关于农产品生产与贸易领域适用特定竞争规则的 26 号法规》（经 2006 年 1184 号法规修改）第 2 条第 1 款第 2 段的内容存在关联性，本段规定：“欧盟竞争法不适用于成员国内农民、农民协会组织为农产品生产、销售或使用联合设备用于农产品的储存、处理或加工而固定价格的行为，除非欧盟委员会认为该行为排除了竞争或欧盟职能条约第 33 条的目标被损害。”

其二，本条的基本语义具有一定的概括性和异质性，这使我国反垄断法农业适用除外制度的具体范畴并不清晰。在《反垄断法》制定过程中，由于彼时与限制竞争行为规制方面有关的立法经验并不充沛，更多地借鉴了以欧盟竞争法为主的国外经验，这导致《反垄断法》第 69 条在制定时，使用了很多极具概括性和表意不明的语言，这使得我国农业适用除外制度的具体范畴并不十分明晰。一方面，《反垄断法》第 69 条的一些概念，其内涵和外延欠缺准确界定，这为该条的适用制造了不少困境。如“农村经济组织”一词，在我国与“三农”有关的立法中，存在有关“农村集体经济组织”“农村合作经济组织”“农业生产经营组织”等规范化的法律用语，这些词汇所指向的法律主体范畴是比较明确的，但并不存在所谓“农村经济组织”这一法律主体。《反垄断法》第 69 条赋予适用除外资格的“农村经济组织”具体内涵为何，究竟包含哪些组织，在该条中均未作出明确界定，这使适用除外的主体要件存在模糊性。另一方面，除了概念的概括性和不确定性问题以外，《反垄断法》还使用了一些异质于该法其他

---

[1] 万江：《中国反垄断法：理论、实践与国际比较》，中国法制出版社 2015 年版，第 9 页。

条文语境的词语，这进一步加剧了适用除外具体范围的不清晰。比如，在适用除外的行为要件上，《反垄断法》第69条使用了“联合或者协同行为”一词。但是，在《反垄断法》整体的语境和逻辑结构中，经营者实施的限制竞争行为被界定为主要包含垄断协议、滥用市场支配地位和经营者集中三类，第69条理应遵循同样的语义习惯，明确农业领域的上述三类限制竞争行为中，哪几类属于适用除外的范畴。但在此处，立法却抛弃了法条前文的语言习惯，另行使用了一个内涵极不明确的新词——“联合或者协同行为”，这使其指向的具体行为极不明确。

二、《反垄断法》第69条的法律解释

对《反垄断法》第69条立法特征的分析表明，该条所规定的农业适用除外制度是在我国反垄断立法经验不充分的历史时期，主要通过学习欧盟竞争法经验所形成的法律规则，其中的诸多词语具有一定的概括性和不确定性，这使我国反垄断法农业适用除外制度的具体范畴并不明晰。因此，有必要对该条内容开展精准的法律解释，明确我国反垄断法农业适用除外的具体主体要件和行为要件。根据《反垄断法》第69条的基本文义，我国反垄断法农业适用除外制度的构成要件也是由主体和行为两方面的要件组成。在我国，反垄断法农业除外制度的适格主体是指“农业生产者”以及“农村经济组织”两类法律主体，适格行为则是在“农产品生产、加工、销售、运输、储存等经营活动”中实施的“联合或者协同行为”。本部分内容即从法律解释的角度，尝试分别明晰上述四组词语的具体内涵。

（一）何为“农业生产者”

“农业生产者”属于内涵相对明确的一个概念，它是指在农业生产经营活动中，处于产业链条的最上游，直接从事有关种植业、林业、畜牧业、渔业等农业生产或农产品初加工的人。在本概念的界定中，“直接从

事农业生产”是最为重要的一个核心条件，因为只有在符合直接从事农业生产的条件下，这类群体才有可能直接获得农业生产所带来的收益，并承受农业因脆弱性而带来的自然风险和经营风险，进而具有将其排除在反垄断法调整范围之外的必要性。

在对“农业生产者”的概念外延进行厘定时，主要需要明晰以下两个方面的疑难问题。

首先，“农业生产者”这一概念是仅指以个人或农户为单位的自然人农业生产者，还是亦可包含以各类经济组织为单位的法人农业生产者？在我国，农业生产活动所依托的土地制度包含两种所有制形态：集体所有和国家所有。在土地集体所有制下，农业生产活动依托于各类农村集体经济组织予以开展；而在土地公有制下，农业生产活动则依托于各类国有农场。改革开放以来，伴随着家庭联产承包责任制的推广实施，依托于土地公有制的国有农场日渐偃旗息鼓，但并非完全消失。2014 年年底的统计数据表明，农垦系统还保有国有土地面积 36.6 万平方公里，约占全国耕地总面积的 5%。[1]因此，如果将“农业生产者”的概念作宽泛理解的话，除了直接在耕地上进行生产劳作的自然人之外，各类占有耕地生产资料的经济组织，如农村集体经济组织、国有农场等，显然也可以纳入“农业生产者”的范畴，甚至由这些经济组织成立的从事农业生产活动的企业，亦可归属于“农业生产者”之身份。目前，学界既有与之相类似的观点，如有论述即认为《反垄断法》第 69 条中农业生产者的概念“既包括农民，也包括农业企业以及其他直接从事农业生产经营活动的组织”。[2]

笔者认为，“农业生产者”之概念不适宜作广义理解，而是应只包含自然人农业生产者，不包含任何法人。理由有三。其一，在当前以家庭联

[1] 朱玲：“中国农业现代化中的制度尝试：国有农场的变迁”，载《经济学动态》2018 年第 2 期。

[2] 全国人大常委会法制工作委员会经济法室：《反垄断法条文说明、立法理由及相关规定》，北京大学出版社 2007 年版，第 353 页。

产承包责任制为主要农业生产方式的中国，农业生产主要体现为以家庭农户为单位的组织方式，而不像欧美发达国家的农业一样，由企业化的大型农场从事农业生产经营活动。将农业生产者理解为只包含自然人生产者，这既符合中国农业生产经营活动的主流形态，又符合个体农民在农业产业环境中的弱势地位之要求。其二，在《反垄断法》第69条所界定的适格主体中，除农业生产者以外还包含一类“农村经济组织”，这一概念范畴明显指向法人或非法人组织。换言之，依托于集体所有制的农村集体经济组织，以及由其成立或投资的从事农业生产经营活动的各类企业，完全可以纳入“农村经济组织”的概念外延。如果将农业生产者的概念界定为既包含自然人，又包含法人，会造成“农业生产者”和“农村经济组织”两个概念存在外延的交叉性，这一定程度上会扰乱立法语言结构的严谨性。其三，至于依托于土地公有制的国有农场，笔者认为此类主体既不适宜界定为“农业生产者”，又不适宜界定为“农村经济组织”。改革开放以来，我国的国有农场发展状态不一，既有部分农场向股份制、公司制的国有企业进行改革，也有很多农场依然保留着计划经济色彩，依靠行政管理关系，以“大农场套小农场”的管理方式从事生产经营活动。[1]在业务属性上，很多国有农场是行政管理、社会保障、农业生产、农产品流通乃至生态旅游等业务活动的混合体，其日常运营有国有资产和财政支持作为保障，不具有弱势地位，与一般观念中的“农业生产者”性质相去甚远，不适宜赋予反垄断法适用除外地位。

其次，“农业生产者”这一概念，是否可以完全等同于具有农村户籍的农民？在现实中，存在一类外观上符合“农业生产者”的定义，但实际上已经远离农业生产活动的社会群体，这类人是否可以界定为农业生产者？比如，有些人长期进城务工，不再从事农业生产活动，但依然保留农村户

[1] 朱玲：“中国农业现代化中的制度尝试：国有农场的变迁”，载《经济学动态》2018年第2期。

籍，在法律形式上依然属于农民。对于这类社会群体，笔者认为，只要其从事的社会行为与其真实从事的农业生产活动无关，即不能将其纳入反垄断法适用除外的主体范畴。

与上述结论相对应的另一个问题是：对于现实中一些不具有农民身份和户籍，却直接从事农业生产活动的社会群体，这类人是否可以界定为农业生产者？这主要是指两种情形：其一，自身不具有农村户籍，但通过招标、拍卖、公开协商等方式承包荒地或其他土地后从事农业生产活动的人。[1] 笔者认为，对于此类真实从事农业生产活动并直接承担农业生产的收益和风险的人，完全没有必要囿于不具备农村户籍而否认其法律地位，显然应当赋予其反垄断法适用除外资格，属于“农业生产者”的范畴。其二，作为各类农业企业或经济组织的成员或雇工，并直接从事农业生产活动的人，如以从事农业劳作为业的农业企业员工、国有农场职工等，此类法律主体虽不直接占有农业生产资料，但亦承担了农业生产活动的收益或风险，亦应当界定为农业生产者。换言之，国有农场本身不适宜界定为反垄断法适用除外主体，但国有农场内部从事农业生产活动的自然人仍属于适用除外主体。

（二）何为“农村经济组织”

“农村经济组织”是一个概念十分含混不清的词语，在我国《反垄断法》之外的其他立法中，存在诸如“农业生产经营组织”“农村集体经济

---

[1] 李亮国、王艳林：“农业在反垄断法中的适用除外研究——中国反垄断法第五十六条之解释”，载《河南省政法管理干部学院学报》2008 年第 4 期。

组织”“农村群众性自治组织”“农村合作经济组织”等近似的称呼，[1]但并无一个独立的作为法律主体概念的所谓“农村经济组织”存在。应当明确该概念在现实中具体指向哪些法律主体。在这方面，不论是参与《反垄断法》制定的有关专家的观点，还是目前我国反垄断法学者的主流解释来看，均未直接对此处“农村经济组织”的概念作一个明确的定义，而只是倾向于以列举的形式解释其包含的适用除外主体范围。学界通说通常认为，农村集体经济组织、农民专业合作社、农业企业通常毋庸置疑地属于享有适用除外主体资格的“农村经济组织”的范围。[2]至于除了这几类组织之外，是否还存在其他企业或社会组织亦属于农村经济组织，则语焉不详。

笔者认为，结合本书第一章对反垄断法农业适用除外制度基本原理与构成要件的分析，对“农村经济组织”概念外延的界定，应主要围绕与“三农”有关的生产经营活动可能涉及的以下三类经济组织展开分析：第一类是处于产业链条上游的农业生产者的联合组织，或在中国农村生活中显然代表农业生产者利益的公共组织，如农业企业、农村集体经济组织、农村合作经济组织等；第二类是处于产业链条下游的农产品流通商及其联合组织，如各类企业化运作的农产品经销企业，以及由农产品经销商组成的

---

[1] 这四类组织中，除“农业生产经营组织”之外，其他三类均被我国法律明确赋予了法人资格，均属于“特别法人”的范畴。《民法典》第 99 条规定：“农村集体经济组织依法取得法人资格。法律、行政法规对农村集体经济组织有规定的，依照其规定。”第 100 条规定：“城镇农村的合作经济组织依法取得法人资格。法律、行政法规对城镇农村的合作经济组织有规定的，依照其规定。”第 101 条规定：“居民委员会、村民委员会具有基层群众性自治组织法人资格，可以从事为履行职能所需要的民事活动。未设立村集体经济组织的，村民委员会可以依法代行村集体经济组织的职能。”至于“农业生产经营组织”，它被明确规定于我国的《农业法》，该法第 2 条第 2 款规定：“本法所称农业生产经营组织，是指农村集体经济组织、农民专业合作经济组织、农业企业和其他从事农业生产经营的组织。”

[2] 这方面的代表性论述可参见：曹康泰：《中华人民共和国反垄断法解读——理念、制度、机制、措施》，中国法制出版社 2007 年版，第 47 页；全国人大常委会法制工作委员会经济法室：《反垄断法条文说明、立法理由及相关规定》，北京大学出版社 2007 年版，第 353 页；李亮国、王艳林：“农业在反垄断法中的适用除外研究（上）——中国反垄断法第五十六条之解释”，载《河南省政法管理干部学院学报》2008 年第 4 期。

各类行业协会；第三类则更为复杂一些，即在一些农业联合组织中，其成员同时包含上游农业生产者与下游农产品流通商，比如针对特定农产品建立的产销一体化的行业协会、合作经济组织等。

结合反垄断法农业适用除外制度的立法目的、第69条的语言逻辑以及欧美等发达国家的立法经验来看，笔者认为，“农村经济组织”的概念外延显然包含上述第一类的情形，即处于产业链条上游的农业生产者的各类联合组织显然具有适用除外资格。但“农村经济组织”的外延是否包含上述第二类和第三类情形，则语焉不详。

对于上述第二类情形，即处于产业链条下游的农产品流通商及其联合组织是否具有适用除外资格的问题，从反垄断法农业适用除外制度的国外立法经验来看，除以色列以外的主流发达国家均倾向于主要赋予农业生产者及其联合组织适用除外地位，而下游农产品流通商的行为仍应当受反垄断法的调整；将农产品流通商及其联合组织纳入反垄断法适用除外范围的做法，不符合设置该制度时有关保护农业生产者利益、促进农业产业健康发展等目的，反而有可能会进一步加剧农产品流通商相较农业生产者的优势地位。在这方面，以色列反垄断法的做法已然受到了学界较多批判。[1]而我国《反垄断法》第69条的“农村经济组织”究竟是否包含农产品流通商及其联合组织，目前欠缺明确的法律解释。从“农村经济组织”一词的基本文义来看，“农村”一词似能表明此类组织应当是主要依托于农民的日常劳作和生活环境而设立的，从这个角度而言，农产品流通商从事的经营行为虽然与农业密切相关，但并不属于“农村”的经济组织，因此，笔者倾向于认为，农产品流通商及其联合组织应排除在反垄断法适用除外范围之外，不属于“农村经济组织”的范畴。

而对于“农村经济组织”的概念是否包含上述第三类情形的问题，则

---

[1] See Arie Reich. “The Agricultural Exemption in Antitrust Law: A Comparative Look at the Political Economy of Market Regulation”. *Texas International Law Journal*, VOL. 42.

更为复杂。此种情形下，在一个由不同经营者组成的经济组织中，可能既包括农业生产者，又包括一定的农产品流通商，甚至还存在一些与农业生产经营活动完全无关的其他投资者或成员，此类由各种成员组成的“大杂烩”社会组织是否享有适用除外主体资格，《反垄断法》第69条的规定并未明确。实践中，伴随着我国农业产业的发展，近年来我国出现了所谓“资本下乡”现象，在这一过程中，一些城市资本乃至国外资本可能与农村当地的生产经营活动发生深度融合，形成“你中有我、我中有你”的合作式生态，这类组织能否纳入“农村经济组织”的范畴当中？

事实上，上述问题与美国、日本、韩国的制度设计中农业生产联合社、合作社等组织是否具有适用除外地位的问题具有同质性。这些国家都会比较倾向于明确赋予这类经济组织反垄断法适用除外主体资格，但又都会另行对其内部组织规范进行限制，以确保其主要表现为农业生产者之间以互助性、非营利为目的的结合。比如，《美国凯普沃斯蒂德法》设置了著名的“一人一票”标准和“回报率8%”标准；日本、韩国的反垄断法也存在对合作社的运行目的、表决规则和利润分配方式的限制。而在中国，由于“农村经济组织”一词具体外延的不确定性，可以想见，实践中很容易会因为一个组织中仅存在一定数量的农业生产者，就能被轻易地判定为所谓“农村经济组织”，这就有可能造成反垄断法农业适用除外主体的不合理扩张，将适用除外地位传导至农产品流通商乃至与农业生产经营活动完全无关的其他法律主体中。

综上所述，在现有法律规范框架下，对“农村经济组织”一词的外延难以真正达成具体、可靠、明确的结论。长远来看，最理想的方式当然是直接出台有关《反垄断法》的司法解释、实施细则或指南，对所谓“农村经济组织”的概念内涵和判断标准设置更明确的规则。而如果局限于当下的法律环境对“农村经济组织”一词进行法律解释，笔者认为，过于广义或过于狭义的做法都是不可取的：过于广义的解释方法倾向于将各类与“三农”有关的社会经济组织都界定为“农村经济组织”，这会造成反垄断法农业适用除外制度的过分扩张，偏离其既定的功能；[1]而过于狭义的解释方法对农村经济组织成员中是否包含非农业生产者的标准过于严苛，倾向于否定除农村集体经济组织、农村基层群众性自治组织之外任何社会组织的适用除外资格，这种过度限制偏离了农业产业发展的现实环境。[2]此时，比较理想的做法是，根据不同社会经济组织的现实运作情况，判断农业生产者在其成员结构中是否居于主流，能否在绝大多数情况下影响组织的决议、运作与经营活动，只要来源于农产品流通商或非农村资本的力量并未实质上控制该组织，并未本质上改变该组织的性质，即应当将其纳入适用除外主体范畴。

（三）何为“农产品生产、加工、销售、运输、储存等经营活动”

《反垄断法》第69条规定，对于“农产品生产、加工、销售、运输、储存等经营活动”中的市场竞争行为，均属于适用除外的范畴。对此内容的法律解释，应主要立足于以下两个方面。

首先，对于“农产品生产、加工”的解释问题。应从包含种植业、林业、牧业、渔业的角度去理解此处的“农产品生产”一词。《农产品质量安全法》第2条规定：“本法所称农产品，是指来源于农业的初级产品，即在农业活动中获得的植物、动物、微生物及其产品。”据此，凡是从事有关利用土地资源进行种植生产，利用土地上水空间进行水产养殖，利用土地资源培育采伐林木，利用土地资源培育或者直接利用草地发展畜牧所产生的产品，均属于“农产品生产”的范畴；另外，与上述农产品生产环节

---

[1] 比如有研究认为，农村集体经济组织、乡镇企业、农业企业、国营农场、农民专业合作社、农产品行业协会及其联合组织等均属于《反垄断法》第69条规定的“农村经济组织”的范围，均享有适用除外主体资格。李亮国、王艳林：“农业在反垄断法中的适用除外研究（上）——中国反垄断法第五十六条之解释”，载《河南省政法管理干部学院学报》2008年第4期。

[2] 比如有研究认为，只有农村集体经济组织和村民委员会这些当然代表农业生产者利益的农村公共组织享有反垄断法适用除外主体资格，其他法律主体，如农民专业合作社、乡镇企业等，“此类法律主体组织和运行过程几乎均不局限于农业生产者”，因此均不能赋予适用除外主体资格。段宏磊：“农产品流通竞争环境的现状审视与反垄断法规制改进”，载《法学论坛》2019年第2期。

密切相关的服务活动，比如农业机械服务、农业病虫害的防治等，亦属于“农产品生产”的范畴。而对于农产品的“加工”一词，则主要是指针对依附于农产品的初级加工业，即农产品在进入流通领域之前所进行的简单再制造活动，如初级农产品的挑选、分类、分等、干燥、整理、屠宰、榨油、包装等，而不包括农产品的深加工，比如将农产品制成各类食品、从事餐饮服务等，如果将农产品的深加工亦包含在内，将会导致反垄断法农业适用除外制度扩散至所有食品销售行业，这不符合该制度设计的本意。综上，“农产品生产、加工”一词，恰好能涵盖被合并简称为“农、林、牧、副、渔”五部分的所有现代农业的核心业务。这也与由国家统计局起草，国家质量监督检验检疫总局、国家标准化管理委员会批准发布，2017年10月1日实施的《国民经济行业分类》最新标准（GB/T 4754—2017）中农业行业门类的全部内容相符。

其次，对于“销售、运输、储存”的解释问题。农产品的“销售、运输、储存”活动属于下游农产品流通领域的相应经营活动。将农产品的流通活动纳入反垄断法适用除外的范畴，并非赋予农产品流通商适用除外地位，因为依照《反垄断法》第69条的基本内容，只有农产品的销售、运输和储存活动是由“农业生产者及农村经济组织”实施时，方不适用反垄断法。换言之，中国的农产品流通商是否享有反垄断法适用除外地位，依然取决于前文所述的“农村经济组织”一词应作何理解。如果对“农村经济组织”作狭义理解，即不包含下游农产品流通商及其联合组织，那么立法者规定“农产品生产、加工、销售、运输、储存等经营活动”的态度实际上是：通过《反垄断法》第69条鼓励上游的农业生产者及农村经济组织“向下游联合”；但并不鼓励下游的农产品流通商“向上游联合”。由农业生产者及其联合组织实施的向农产品销售、运输、储存活动延伸的行为，实际上是农业生产者自发拓展农产品经销渠道的一种有益做法，亦即，通过不同主体之间达成一致行动，或缔结相关垄断协议，农业生产者自行开发有效的农产品流通渠道；这种做法实际上有利于降低农业生产者对下游流通商的依赖性，提高其议价能力；对消费者而言，农业生产者开发出更加便利的农产品经销渠道，也有利于减少农产品流通过程中的分销主体，从而有利于降低其他经营者对农产品溢价的空间。概言之，农业生产者“向下游联合”的做法，实际上同时有利于农民和消费者，由于流通渠道的加价空间被压缩，有可能实现既促进农民收入提高，又降低农产品终端销售价格的情况。反之，如果鼓励农产品流通商“向上游联合”，则有可能进一步强化其市场支配地位，不利于农业各产业链条构建良性的市场竞争环境。

（四）何为“联合或者协同行为”

《反垄断法》第69条将适用除外的行为类型限定为“联合或者协同行为”的范畴，但该概念亦是一个内涵较不明确的词语，其具体包含哪些限制竞争行为，并不清晰。从我国《反垄断法》的文本来看，限制竞争行为主要包含垄断协议、滥用市场支配地位和经营者集中三类。除此之外，我国还存在一个特殊的“滥用行政权力排除、限制竞争”的行为，但此类行为的实施主体是行政机关与法律、法规授权的具有管理公共事务职能的组织，这显然与《反垄断法》第69条赋予适用除外资格的“农业生产者及农村经济组织”无关。因此，滥用行政权力排除限制竞争的行为显然不属于该法第69条调整的范畴。而从基本语义来看，“联合或者协同行为”指代的是多个法律主体共同实施的缔结协议或一致行动的行为，而不可能是由单方主体实施的行为。由此推断，由单方法律主体所实施的滥用市场支配地位的行为亦不属于反垄断法适用除外的范围。而这也符合国外该制度的适用情况，在本章第一节所分析的国外反垄断法农业适用除外制度中，包含欧盟、美国、日本、韩国、以色列在内的所有代表性国家和地区，均不认可滥用市场支配地位行为的反垄断法适用除外地位。

《反垄断法》第16条规定：“本法所称垄断协议，是指排除、限制竞争的协议、决定或者其他协同行为。”故而，在《反垄断法》的基本语境中，“协同行为”属于垄断协议的一类表现形态，由此可知，该法第69条所规定的“联合或者协同行为”是必然包含垄断协议这类行为的。但疑难之处在于，“联合或者协同行为”中的“联合”一词是指代除协同行为以外其他垄断协议的表现形式，还是亦包含经营者集中？笔者比较倾向于，“联合或者协同行为”是对各类垄断协议表现的指称，但不包含经营者集中。原因有三：其一，从基本语义上来看，“联合”一词更适合形容多个经营者所实施的一致行为，而并非经营者之间的并购活动；其二，从该法第69条的全文来看，它调整的是“在农产品生产、加工、销售、运输、储存等经营活动中”实施的行为，即倾向于将一些生产经营活动中特定的竞争行为排除在《反垄断法》调整范围之外，而不包含经营者集中这一类市场竞争的结构性变化问题；其三，从域外经验来看，欧盟、美国、日本、韩国、以色列等发达国家和地区的适用除外客体范围也主要倾向于垄断协议范畴，而不包含经营者集中。

综上所述，笔者认为，“联合或者协同行为”一词仅能指代垄断协议这一类限制竞争行为，农业领域的其他几类限制竞争行为则均不属于反垄断法适用除外的范围。

三、《反垄断法》第69条的实施状况

（一）我国农产品流通市场竞争执法的现状：向《价格法》逃逸

《反垄断法》实施以来，我国农业市场上的竞争环境整体稳定，但亦存在农产品流通市场上的垄断协议、滥用市场支配地位等限制竞争行为。整体而言，农业产业环境中“上游弱、下游强”的结构性特征对农产品流通市场竞争环境的影响颇为明显。由于农产品上下游经营者在结构性要素上的差异，农业生产者相较经销商的议价能力极低，后者在农产品交易中通过纵向价格垄断协议、滥用市场支配地位等形式对农业生产者进行高价盘剥。[1]

---

[1] 段宏磊：“农产品流通竞争环境的现状审视与反垄断法规制改进”，载《法学论坛》2019年第2期。

从宏观经济数据来看，从 2010 年以来，我国几乎每年均呈现以下现象：初级农产品价格涨幅高于食品价格涨幅，而食品价格涨幅又高于 CPI（居民消费物价指数）涨幅；而粮、肉、蛋等关键农产品涨幅更是容易超过 10% 乃至 20%，在农产品需求量巨大的春节前后，这一数据更甚。[1]不断高企的农产品价格甚至在民间衍生出诸如“蒜你狠”“姜你军”“豆你玩”等调侃词语。这一现象印证了本书所述的现象：在消费者不得不承担农产品价格提升所带来的生活成本提高的背景下，农业生产者由于议价能力低，并无法真实地享受到农产品价格上涨所带来的利益，农民收入近年来未得到实质性改善，[2]尽管农业生产的增量收益在近年来呈现上涨趋势，但主要由下游具备一定优势地位的农产品经销商所攫取。[3]有学者在 2013 年开展了对部分地区农产品销售市场竞争环境的调研，发现垄断协议和滥用市场支配地位是农产品流通市场最常见的限制竞争行为。比如，2012 年 11 月，沈阳市农副产品批发市场与物流公司签订过排他性的砂糖橘运输协议；2013 年 11 月，大连市农产品经销商滥用市场支配地位实施不正当高价，导致 25 种常用蔬菜价格从批发价到零售价环节的平均涨幅超过 170%。[4]这类行为多由农产品流通商利用其在生产经营链条上的优势地位所实施，造成农产品市场价格的上涨和波动，扰乱正常的农业市场竞争环境。

针对上述现象，自 2008 年《反垄断法》实施以来，国家发改委、国家市场监管总局在农产品流通领域开展过数次市场监管活动，其基本手段包含出台规范性文件、开展专项整治集中执法活动、约谈相关企业等。笔者通过检索国家发改委、国家市场监管总局等网站上披露的有关执法信

---

[1] 于左：“中国农产品价格过快上涨的垄断因素与公共政策”，载《中国价格监管与反垄断》2014 年第 5 期。

[2] 战英杰、申秋红：“影响我国农民收入的因子分析”，载《东北农业大学学报》2010 年第 4 期，第 144 页。

[3] 李亮国：“农业反垄断法适用除外的农产品经营活动研究”，载《改革与战略》2017 年第 6 期。

[4] 于左：“中国农产品价格过快上涨的垄断因素与公共政策”，载《中国价格监管与反垄断》2014 年第 5 期。

息，现将基本情况概括为以下三个方面。

首先，执法主体通过出台农产品市场监管规范性文件的形式，对农产品流通市场的竞争秩序和价格稳定进行有效规制。比如，针对2009—2010年中国农产品销售价格上涨、竞争秩序混乱的情况，国家发改委于2010年出台了《关于加强农产品市场监管维护正常市场秩序的紧急通知》（发改价检〔2010〕1137号），要求“地方各级人民政府要切实加强对农产品收购、流通等环节市场交易和价格行为的监管”。其中明确提出要开展针对农产品流通商限制竞争行为的执法，比如“查处相互串通、操纵市场价格的行为”“查处垄断货源、阻断流通渠道，造成市场脱销断档的行为”。但是，在适用的法律依据上，该文件仅提出“要依据《价格法》和《价格违法行为行政处罚规定》”，并未直接提及要依据《反垄断法》。

其次，执法主体通过开展农产品市场秩序专项整治活动的形式，集中查处了一系列农产品流通市场的价格垄断案件。尤其是在2009—2010年，国家发改委、商务部、国家工商总局会同有关部门，对绿豆、大蒜、各类蔬菜等农产品市场开展生产、流通和价格秩序的集中执法和专项整治活动，在此次专项整治工作后的2010年7月1日，国家发改委、商务部、国家工商总局召开新闻通气会，集中通报了四起典型农产品价格违法案件的查处情况。[1]这四类案件的基本情况如表2-1所示。由表2-1可知，此次集中通报的四起违法案件均为价格违法行为，其中案件①“吉林玉米中心批发市场有限公司等企业相互串通，捏造散布涨价信息，操纵市场价格案”和案件③“河南省中牟县冷藏保鲜协会统一大蒜冷藏收费标准案”均属于由农产品流通商组成的行业协会实施的价格垄断协议案件；而案件④“广东省广州市大鹏物流2号仓西一库某经销商哄抬价格案”则属于农产品流通商实施垄断高价的案件；至于案件②“山东省某经销商囤积大蒜，哄抬价格案”则与

[1] “国家发展改革委、商务部、国家工商总局有关负责人就加强农产品市场监管工作答记者问”，载http：//www.ndrc.gov.cn/zcfb/jd/201007/t20100701_503265.html，2020年2月1日最后访问。

限制竞争行为无关，它是一种不正当的囤积和炒作价格的违法行为。尽管四个案件违法行为的性质各不相同，有的属于限制竞争行为，有的更类似于价格违法行为或不正当竞争行为，但是，执法机构均依据《价格法》和《价格违法行为行政处罚规定》开展执法活动。即使是对于《反垄断法》和《价格法》存在竞合的农产品流通违法行为，执法机构也只以《价格法》为执法依据，丝毫不提及适用《反垄断法》。换言之，执法机构对此类违法行为的定性均为"价格违法行为"，而非"价格垄断行为"。

最后，执法主体还通过对农产品流通企业进行敦促、约谈、提醒告诫等多种非正式的反垄断执法方式[1]，保证农产品流通市场的有序竞争与价格稳定。这在2019年秋冬两季的猪肉价格上涨时期体现得尤为明显。彼时，国家市场监管总局[2]首先于2019年9月11日在其网站发布信息，称要"持续加大价格监管力度""敦促有关市场主体严格依法经营、加强价格自律，切实保护消费者合法权益"，但并未提及针对垄断行为的监管或执法。[3] 9月16日，国家市场监管总局价监竞争局又召开了生猪及猪肉生产、流通企业价格法规政策提醒告诫会，中国畜牧业协会、12家国内较大的生猪及猪肉生产、流通企业相关负责人参加了会议，在提醒告诫会上，明确提出"不得相互串通、操纵市场价格"，但在执法依据上，则仅提及"根据《价格法》等法律法规依法严肃查处"，亦未提及《反垄断法》。[4]

---

[1] 此类非正式的反垄断执法方式被称为针对企业的"竞争倡导"，张占江："竞争倡导研究"，载《法学研究》2010年第5期。

[2] 在2018年我国国务院机构改革授予市场监管局统一负责反垄断执法职权以前，我国的垄断协议和滥用市场支配地位行为是由发改委、工商局两大机构共同享有执法权的，前者负责与价格有关的垄断协议与滥用市场支配地位执法，后者则负责与价格无关的垄断协议与滥用市场支配地位执法。2018年后，相关监管职权统一由市场监管局行使。

[3] "市场监管总局持续加大价格监管力度，确保生猪市场保供稳价"，载 http：//www.samr.gov.cn/jjj/jgjg/201909/t20190916_306784.html，2020年2月1日最后访问。

[4] "市场监管总局召集12家生猪及猪肉生产流通企业召开提醒告诫会，要求规范市场价格行为"，载 //www.samr.gov.cn/jjj/jgjg/201909/t20190918_306848.html，2020年2月1日最后访问。

表 2–1 国家发改委 2010 年通报的四起农产品价格违法案件简况

案件名称	基本事实	查处结果
①吉林玉米中心批发市场有限公司等企业相互串通，捏造散布涨价信息，操纵市场价格案	2009 年 10 月 17 日，吉林玉米中心批发市场有限公司等多家企业，召集国内 16 个省份的 109 家绿豆经销企业召开“第一届全国绿豆市场产销行情研讨会”。会后，吉林玉米中心批发市场有限公司将会议纪要及其撰写的《2009 年产区绿豆种植情况调研报告》印发与会企业，通过此种方式，吉林玉米中心批发市场有限公司等企业相互串通，捏造散布绿豆大幅减产等信息，协同实施价格上涨	价格主管部门依据《价格法》《价格违法行为行政处罚规定》有关规定，对市场主办方吉林玉米中心批发市场有限公司，按照法定最高处罚额度处以 100 万元罚款；对协办企业处 50 万元罚款；对参加会议并相互串通的其他 109 家绿豆经销企业，由当地价格主管部门予以告诫
②山东省某经销商囤积大蒜，哄抬价格案	2009 年 6 月以来，山东某经销商伙同他人，收储大蒜 3000 多吨，至 2010 年 5 月 20 日前后有关部门介入调查后才集中出售。同时，该经销商还于 2009 年 2 月～2010 年 6 月，带领多人在电子交易市场合伙炒作大蒜中远期合约价格	价格主管部门依据《价格法》《价格违法行为行政处罚规定》有关规定，按照法定最高处罚额度，对当事人做出罚款 10 万元的行政处罚
③河南省中牟县冷藏保鲜协会统一大蒜冷藏收费标准案	河南省中牟县冷藏保鲜协会下发协会文件，将全县大蒜冷藏收费标准统一为每吨 260～320 元，并规定不准私自降价，私自降价者除不再享受协会会员的优惠条件外，还将处以重罚	价格主管部门依据《价格法》《价格违法行为行政处罚规定》有关规定，按照法定最高处罚额度，对该协会做出罚款 8 万元的行政处罚
④广东省广州市大鹏物流 2 号仓西一库某经销商哄抬价格案	2010 年 3 月～5 月，广州市大鹏物流 2 号仓西一库某经销商大幅度提高绿豆价格	价格主管部门依据《价格法》《价格违法行为行政处罚规定》《广东省实施〈中华人民共和国价格法〉办法》有关规定，依法对该经销商做出罚款 2 万元的行政处罚

资料来源：“国家发展改革委、商务部、国家工商总局有关负责人就加强农产品市场监管工作答记者问”，载 http：//www.ndrc.gov.cn/zcfb/jd/201007/t20100701_503265.html，2020 年 2 月 1 日最后访问。

综上所述，尽管以发改委、市场监管局为代表的执法机构在农产品流通市场上实施了审慎监管，客观上对维持农产品流通市场的竞争秩序、规范农产品流通商的竞争行为、促进农产品流通价格的稳定等均起到了一定作用。但是，在这些监管活动中，执法机构均倾向于淡化《反垄断法》，不将其作为开展监管活动的法律依据，而是主要以《价格法》作为其执法依据，表现出“向《价格法》逃逸”的行为特征。

（二）“向《价格法》逃逸”的成因与危害

执法机构在对农产品流通市场的竞争秩序进行监管时，之所以表现出“向《价格法》逃逸”的行为特征，主要原因有以下两个方面。

其一，《反垄断法》第69条规定的农业适用除外制度具体范围的模糊性，为执法机构正当开展农业领域的反垄断执法制造了不便。如前文所述，《反垄断法》第69条所使用的若干词语，尤其是“农村经济组织”“联合或者协同行为”等，都具有明显的模糊性；而“农产品生产、加工、销售、运输、储存等经营活动”这句话在第69条整体结构中又十分显眼。整体观之，在不对第69条的具体内涵进行精准解释的情况下，该条内容极容易给执法者一种“农业不适用反垄断法”的观感和错觉，即将反垄断法适用除外的领域扩展到有关农产品生产经营活动的所有主体和所有行为。《反垄断法》实施以来，虽然学界对该法第69条适用除外的具体范畴进行了一定程度的研究和界定，但有关反垄断法农业适用除外制度的具体构成要件问题，一直欠缺官方立法的正面确认，与《反垄断法》相关的司法解释、实施办法、指南等，也均未正面明确第69条的具体内涵和外延，这种不确定性无形中抑制了反垄断主管机构开展农业反垄断执法的动力。在农产品流通领域适用《反垄断法》执法的做法，可能会招致不必要的合法性风险。这也就不难解释为何在农产品流通环节的执法中，几乎完全未见工商局作为执法主体的案例，因为对发改委来说，它还可以通过“向《价格法》逃逸”的形式变相开展农产品流域的反垄断执法；但工商局不是《价格法》的执法主体，它无法适用该法。由此造成的尴尬情景便是，农产品流通领域如果出现了非涉及价格的限制竞争行为，那么由于对该行为的查处无法“向《价格法》逃逸”，其最终的结果便有可能是免于反垄断执法的威慑，这无疑使我国农产品流通市场竞争环境的优化发展遭受一定程度的威胁。

其二，《价格法》和《反垄断法》存在调整范围上的竞合，对执法机构来说，适用《价格法》的执法难度和举证压力较小。我国的《价格法》与《反垄断法》本身即存在调整范围的交叉性，诸如价格垄断协议、滥用市场支配地位实施不正当高价等行为，两部法律均存在规定，由此造成了适用上的竞合。对于两部法律存在交叉的违法行为，与《反垄断法》相比，执法机构更倾向于适用《价格法》，因为前者所界定的违法行为构成要件更复杂、适用难度更大。比如，对于《反垄断法》所规定的价格垄断协议，既要证明存在限制竞争的协议，又要证明该协议对市场竞争产生了负面影响，不具有正当性，有必要开展执法；对于滥用市场支配地位实施不正当高价，则既要证明经营者处于市场支配地位，又要证明该价格的实施没有合理理由。与之相对比，《价格法》规定的价格违法行为，则多半只要符合一些笼统的行为性要件即可进行查处，如“相互串通，操纵市场价格”“哄抬价格，推动商品价格过高上涨”“变相提高或者压低价格”，等等。[1]对执法者来说，证明经营者违反《价格法》的难度要显著小于《反垄断法》，而在农产品流通市场上，农产品价格上涨所带来的社会关注、民生问题又通常更为严峻，这便意味着执法者依照《价格法》进行执法的正当性也更加明确和充分，引发“政府扰乱市场规律”指摘的可能性更低，这使其得以非常方便地绕过在价格垄断行为查处过程中《反垄断法》相关规定的认定困难，呈现“向《价格法》逃逸”的现象。

---

[1] 参见《价格法》第14条。

"向《价格法》逃逸"现象的缺陷是毋庸置疑的，它令农产品流通市场的竞争秩序欠缺反垄断执法的有效保障。一方面，对于不涉及价格的限制竞争行为，由于执法者无法通过"向《价格法》逃逸"的形式开展执法，这就会使此类行为欠缺有效威慑，恶化农产品流通市场的竞争环境；另一方面，即使是对于涉及价格的限制竞争行为，"向《价格法》逃逸"的做法也是值得商榷的。与《反垄断法》相比，中国的《价格法》最初制定于20世纪90年代，彼时，市场经济发展程度和立法技术均不充分，在《价格法》中渗透着许多对市场价格进行过度干预和严格管制的逻辑，在《反垄断法》尚未出台的年代，这些价格管制手段曾阶段性地对维护市场竞争秩序发挥过重要作用。但是，在《反垄断法》已制定并实施多年的当下，《价格法》的很多规定，尤其是第14条对于"相互串通，操纵市场价格""哄抬价格"等行为的规制，已经显得不合时宜。《价格法》这些规则实际上绕过了《反垄断法》对垄断协议构成要件的严苛规定，在降低了执法机构举证难度之余，更为严格管制市场、草率干扰市场规律提供了空间。比如，在前述国家发改委集中披露的案件④"广东省广州市大鹏物流2号仓西一库某经销商哄抬价格案"中，公开的执法信息仅显示，广州市大鹏物流2号仓西一库某经销商在2010年3月～5月存在大幅度提高绿豆价格的行为，执法者即根据《价格法》第14条禁止"哄抬价格"的规定进行罚款处罚。如果依照《反垄断法》的规定，经营者仅存在高价行为并不构成违法，除非该经营者存在滥用其市场支配地位或缔结价格垄断协议的行为；除此之外，还需要评估该涨价行为是否具有经济合理性或正当理由。由此可见，《价格法》这一"方便法门"实际上绕过《反垄断法》，变相强化了对市场的管制，有干扰市场价格规律的嫌疑。

综上所述，我国的反垄断法农业适用除外制度实际上进入了一个很尴尬的适用状况：表面上看来，《反垄断法》第69条在执法实践中被作了扩张式的解释，不仅上游农业生产者受其保护，下游农产品流通商的竞争行为亦不受《反垄断法》调整，在农产品流通市场至今不存在任何一例明文适用《反垄断法》予以查处的限制竞争行为；但事实上，通过“向《价格法》逃逸”的方式，执法者实际上采取了比《反垄断法》更为严苛的做法查处农产品流通市场上的价格垄断案件。这就令我国农产品流通市场的竞争秩序呈现一种分裂、混乱的规制状态，难以真正建立起农业市场公平竞争与价格稳定的长效机制。

第三节 反垄断法农业适用除外制度的国内外对比与反思

一、反垄断法农业适用除外制度的国内外对比

本章第一节、第二节分别对欧盟、美国、日本、韩国、以色列以及中国的反垄断法农业适用除外制度进行了依次分析。通过表 2–2，可以对不同国家和地区反垄断法农业适用除外制度的主体要件、行为要件获得一个比较清晰的整体了解。

表 2–2 不同国家和地区反垄断法农业适用除外制度概况

国家（地区）	立法类型	主要法律渊源	主体要件	行为要件	备注
欧盟	立法限制型	《欧洲联盟运行条约》第七编第一章第 101 ~ 109 条；《欧洲联盟运行条约》第三编；《关于农产品生产与贸易领域适用特定竞争规则的 26 号法规》	农业生产者及其联合组织	有助于实现欧盟共同农业政策目标的垄断协议，但不包括价格垄断协议	明确规定农业产业政策优于竞争政策

续表

国家（地区）	立法类型	主要法律渊源	主体要件	行为要件	备注
美国	判例限制型	《美国克莱顿法》第6条;《美国凯普沃斯蒂德法》	农业生产者及其联合组织，联合组织应符合“一人一票”标准和“回报率8%”标准	垄断协议，但不包括构成“排他行为”的联合抵制、纵向垄断等协议	通过司法判例不断规范和限制反垄断法农业适用除外的具体范围
日本	合作社型	《日本禁止私人垄断与确保公平交易法》第22条	农民专业合作社	除不公平交易行为和价格垄断协议以外的所有行为	通过赋予合作社适用除外地位间接实现农业适用除外的目的
韩国		《韩国独占规制及公正交易法》第60条			
以色列	主体扩张型	《以色列限制性商业行为法》第3条第4项	农业生产者及批发商	垄断协议	明确赋予一定的农产品流通商适用除外地位
中国	—	《反垄断法》第69条	农业生产者及农村经济组织	联合或者协同行为	立法语义存在模糊性，导致适用除外的具体范围存在不确定性

表2–2可以总结不同国家和地区反垄断法农业适用除外制度的一些共同点。首先，在主体要件上，多数国家都倾向于将农业生产者及其联合组织赋予适用除外资格，尤其是各类农民专业合作社，作为农业生产者最常见的一类联合组织，其在协调农业生产者行为、发掘农产品流通渠道、提高农业生产者议价能力方面具有重要作用，各国对其赋予适用除外资格的做法最常见，也最具有正当性。农产品流通商则通常不在反垄断法适用除外的范围之内，这方面的一个特例是以色列，以色列明确赋予了农产品批发商的适用除外地位。而在中国，由于“农村经济组织”具体内

涵的不清晰，对于农产品流通商是否属于反垄断法适用除外适格主体的问题，目前也并没有明确定论。其次，在行为要件上，多数国家将反垄断法适用除外的范围设置在垄断协议范围之内，而对除此之外的其他行为，如滥用市场支配地位、经营者集中等，则通常仍应受到反垄断法的调整。只不过，不同国家和地区会根据本地市场竞争的具体情况，将一些有可能严重限制市场竞争的垄断协议亦排除在外，比如欧盟即明确否认农产品价格垄断协议享有适用除外资格。

不同国家的反垄断法农业适用除外制度之所以呈现很大程度的共同点，一方面是农业产业环境“上游弱、下游强”的基本特点通常在不同国家具有雷同性，这使多数国家都倾向于以赋予上游农业生产者适用除外地位为主要选择；另一方面，从制度设计的目的来看，反垄断法农业适用除外制度设计的根本原因即是为农业产业政策发挥作用预留空间，从而实现有关提高农民收入、保证农产品稳定供应、防止农产品价格波动等方面的公共利益，对这些社会公共利益追求的一致性也使反垄断法农业适用除外制度在不同国家存在一定的共通性。

二、对我国反垄断法农业适用除外制度的反思

结合国内外反垄断法农业适用除外制度的立法与实施情况，笔者认为，我们至少能得到以下三个方面的启示，它们有利于反思和改进我国《反垄断法》第 69 条的相关规定。

（一）反垄断法农业适用除外制度应有效厘定农业产业政策与竞争政策的边界

反垄断法农业适用除外制度的立法目的不是令农业免于反垄断执法，而是有效地厘定农业产业政策与竞争政策各自发挥作用的空间。反垄断法之所以在农业领域的适用空间受到限制，是由农业的产业特征和公共利益

需求综合所致，基于农产品在满足基本生活需求层面的重要性，农业生产和服务活动具有较强的公共物品属性，该领域必须为特定农业产业政策的落实预留制度空间。换言之，在农业领域，以落实产业政策为目的的产业法和以追求竞争政策为功能的竞争法存在一个冲突、协调并互动的过程。[1]两类政策干预经济的强度和方式不同，追求的利益目标不同，在特定领域适用的空间也存在差别。[2]反垄断法农业适用除外制度并不是要将农业产业的全部市场竞争行为均排除在反垄断法调整范围之外，而是必须对适用除外的范畴进行谨慎、精准的限缩，从而实现以下目的：在适用除外的范围之内，优先适用农业产业政策；在适用除外的范围之外，优先开展反垄断执法。通过两类政策手段的相互协调与配合，农业领域方能同时实现社会公共利益和市场有效竞争。

从不同国家该制度实施的现实情况来看，一个正当的反垄断法农业适用除外范围通常符合以下规律：其一，主要赋予上游农业生产者及其联合组织适用除外地位，而不是下游的农产品流通商；其二，主要赋予垄断协议适用除外地位，而不是滥用市场支配地位和经营者集中。若在适用除外的制度设计上不符合这两类基本规律，就有可能出现一定负面效果，这方面最典型的例子便是以色列。以色列立法将农产品的批发商明确纳入适用除外的主体资格范围，这使其免于反垄断执法的有效威慑，一定程度上强化了农产品经销过程中批发商的议价能力，这使农业生产者更频繁地遭受到其滥用市场支配地位行为的损害。在我国，由于对《反垄断法》第69条中“农村经济组织”一词的内涵欠缺来自官方立法的有效解释，而执法机构则倾向于以扩张化的方式理解该条，这一定程度上导致农产品流通市场成为“一个反垄断执法忽略的领域”[3]，从而限制了竞争政策在我国农业

[1] 冯辉：“产业法和竞争法的冲突与协调”，载《社会科学家》2010年第12期。

[2] 宾雪花：《产业激励的反垄断边界研究》，法律出版社2017年版，第40-43页。

[3] 段宏磊：“农产品流通竞争环境的现状审视与反垄断法规制改进”，载《法学论坛》2019年第2期。

领域理应发挥的作用。

（二）反垄断法农业适用除外制度的构成要件必须清晰、明确

清晰、明确的主体要件和行为要件是确定反垄断法农业适用除外具体范围的前提。在法律制定过程中，应当坚持立法科学原则，使用准确、精准的立法语言，明确立法的内涵，提升立法质量，使立法合乎社会发展规律、合乎国情与民情。[1]依此标准，如果仅由一个单一的法律条文对农业适用除外制度作简单规定，那么由于语言的模糊性和不确定性，将有可能导致反垄断法农业适用除外的具体范围出现不清晰、不明确的情况。事实上，欧盟、美国反垄断法中的农业适用除外制度，最初也存在主体要件或行为要件不清晰的情形，但是，通过后续出台专门的法规，或在司法判例中不断地完善，欧盟、美国的反垄断法农业适用除外制度的具体范围得以不断明确。

反观中国《反垄断法》第69条，这方面就存在明显的局限性：一方面，第69条使用了一些极具模糊性的概念，如"农村经济组织""联合或者协同行为"等，导致实践中的农业反垄断执法空间被压缩，农产品流通商实施的一些限制竞争行为，除了涉及价格的行为可以通过"向《价格法》逃逸"的方式予以变相执法外，其他违法行为欠缺有效规制；另一方面，《反垄断法》实施后，尽管陆续制定了与该法相关的司法解释、实施办法、适用指南等，但针对第69条，一直未存在对其内容的明确解释与实施细则，这事实上导致我国农业领域的反垄断法适用除外空间被扩张，由农产品流通商实施的一些限制竞争行为欠缺反垄断执法的有效威慑。即使偶尔可见对农产品流通领域的竞争执法，其执法依据也均为《价格法》和《价格违法行为行政处罚规定》，而并未依据《反垄断法》，亦即，在"向《价格法》逃逸"的情形

[1] 张文显主编:《法理学（第四版）》，高等教育出版社，北京大学出版社2011年版，第201页。

中，执法机构对此类违法行为的定性为“价格违法行为”，而非“价格垄断行为”。农业产业政策与竞争政策并未以一个良性的互动关系运转：反垄断执法长期缺失，导致竞争政策过度“缺位”；而产业政策又因为未能有效剥离农产品流通商的相应行为，发生了实施中的“错位”。农业市场的有序竞争、农民收入的稳步提高、农产品稳定供应等农业领域的公共利益问题，也因此而遭受影响。[1]

（三）应注重农业单行立法对反垄断法农业适用除外制度的补充和优化作用

一些农业领域的单行立法、特别立法对农业领域的市场主体及其行为具有规范、限制作用，这些规则有助于辅助反垄断法农业适用除外制度发挥作用。比如，在不同国家反垄断法农业适用除外制度的构成中，农业生产者的联合组织是较为常见的一类主体，将此类主体纳入适用除外范畴中，有利于鼓励农业生产者开展有效的协作和联合，从而发掘更便利的农产品流通渠道，提高其相较农产品流通商的议价能力。但是，实践中，农业生产者的联合组织有可能存在来自其他社会资本的成员，使农业生产者的互助性利益需求和社会资本的逐利性利益需求混同在一起，该组织的运行过程呈现很强的复杂性。此时，此类组织是否仍能在整体上保持“农业生产者的联合”之属性，将直接关系到将其纳入反垄断法适用除外范畴的合理性。如果有关此类组织的单行立法、特别立法可以有效地对其成员、性质、目的、决议过程等施加限制，稳固其作为“农业生产者的联合”的法律属性，将能有效起到补充、优化反垄断法农业适用除外制度的重要作用。

在这方面，《美国凯普沃斯蒂德法》对农业联合组织设置的“一人一票”标准和“回报率 8%”标准即是有效的制度示范，它们可以防止在农

---

[1] 邱隽思、段宏磊：“中国农业反垄断执法的省思与改进”，载《学习与实践》2019年第1期。

业生产者联合组织内部产生大股东会员控制组织的情况，从而确保该组织的运营是以维护农业生产者的互助性共同利益需求为目的。[1]在中国，亦存在诸如《农业法》《农民专业合作社法》等农业领域的单行立法、特别立法，但相关规则对反垄断法农业适用除外制度的补充和优化作用并不充分。在改革开放过程中，我国形成了多种形态各异、职能不同的所谓“农村经济组织”，如农村集体经济组织、农村基层群众性自治组织、农民专业合作社、农业企业、乡镇企业等，伴随着市场经济的发展进程，各种社会资本都在一定程度上向农村渗透和扩散，这种“资本下乡”的现象对农村来说，既意味着机遇，又意味着挑战。[2]对农民来说，社会资本一定程度地进入其联合组织，有利于解决农业生产经营活动中的资金不足问题，并能提高农民之间的联合与协作能力；但社会资本同时又有僭越和侵袭农民利益的冲动，这就有可能令农业生产者的联合组织向纯粹的以营利为目的的企业法人或其他经济组织异化。在这一过程中，农村集体经济组织、农民专业合作社、乡镇企业、农业企业等各类农村经济组织都有必要进行适度的立法限制和规范，从而确保资本力量不会过分侵袭农业生产者的意志和利益需求。否则，当农村经济组织的农业生产者利益被过分蚕食，以至于“名不副实”时，再保持其反垄断法适用除外主体资格，就是危险的。

综上所述，通过综合对比国内外反垄断法农业适用除外制度的立法经验，有利于系统地反思我国农业产业环境的现状及问题，从而为我国《反垄断法》第69条的修正、补充提供了有效指引。我国的反垄断法农业适用除外制度仍存在较大的改进空间。

---

[1] Donald A. Frederick. “Antitrust Status of Farmer Cooperatives: The Story of the Capper-Volstead Act”. *Cooperative Information Report 59*, 2002（9）.

[2] 陈明星：“规范资本下乡才能真正造福‘三农’”，载《中国经济导报》2011年1月25日。

本章小结

本章以欧盟、美国、日本、韩国、以色列、中国反垄断法农业适用除外制度的基本内容、实施状况、经验启示为研究内容，通过本章的分析，主要得出有关反垄断法农业适用除外制度的以下三个方面的研究结论。

第一，关于国外反垄断法农业适用除外制度的基本状况。反垄断法农业适用除外制度的国外立法主要有以欧盟为代表的立法限制型，以美国为代表的判例限制型，以日本、韩国为代表的合作社型，以及以以色列为代表的扩张型。除以色列将适用除外的主体扩张至农产品流通商之外，其他国家和地区主要倾向于只赋予农业生产者及其联合组织适用除外地位。

第二，关于中国反垄断法农业适用除外制度的基本内容和实施状况。我国《反垄断法》第 69 条为我国的反垄断法农业适用除外制度提供了明确的规范依据。但是，由于该条采用了极为笼统的语言对农业适用除外制度进行界定，尤其是“农村经济组织”一词内涵和外延的不清晰，导致我国反垄断法农业适用除外制度的构成要件并不明确。实践中，执法者倾向于对第 69 条作扩张式理解，导致对农产品流通商的限制竞争行为难以开展有效的反垄断法规制。实践中，执法机构通过“向《价格法》逃逸”的形式绕开《反垄断法》第 69 条的限制，对农产品流通领域的价格垄断行为进行规制，这导致我国农产品流通市场的竞争秩序呈现一种分裂、混乱的规制状态，难以真正建立农业市场公平竞争与价格稳定的长效机制。

第三，关于国内外反垄断法农业适用除外制度比较研究的启示。一是反垄断法农业适用除外制度应当有效厘定农业产业政策与竞争政策的边界，其适用范围不应过分扩张；二是反垄断法农业适用除外制度的构成要件必须清晰、明确；三是有关农业领域市场主体及其行为的特别法律、法规有助于辅助反垄断法农业适用除外制度发挥作用。

第三章　中国反垄断法农业适用除外制度的主体要件研究

通过对本书前两章的分析可以明确，反垄断法农业适用除外制度的构成要件主要包含主体和行为两部分。不同国家和地区的立法对主体要件和行为要件的规定存在一定共性，但也具备一定的差异性。本书第三章、第四章即要开展中国反垄断法农业适用除外制度构成要件的“分论”研究，这两部分内容将分别聚焦于中国反垄断法农业适用除外制度的主体要件和行为要件。

本章着重探讨中国反垄断法农业适用除外制度主体要件问题，探讨其立法现状、基本内涵及具体类型；除此之外，本章将回应一些特殊农业市场主体如何界定其适用除外资格的疑难问题。在实践中，有一些农业市场主体的组织和运行过程具有一定的复杂性，对于其能否享有适用除外资格的问题，在现实中很难一概而论，需要具体问题具体分析，这在农村合作经济组织和农业行业协会两类法律主体中，体现得尤为明显。因此，本章还将对这两类特殊农业市场主体的反垄断法适用除外主体资格开展专论。

第一节　中国反垄断法农业适用除外制度主体要件的基本界定

本书第一章、第二章已述，不论是从反垄断法农业适用除外制度的理论基础和功能定位来看，还是从欧盟、美国、日本等发达国家和地区的主流立法状况来看，反垄断法农业适用除外制度的主体要件均应主要局限于：处于农业生产经营活动上游的、直接从事农业生产，并承担其收益和风险的农业生产者及其联合组织。而对于下游农产品流通商及其联合组织，则不适宜赋予其反垄断法适用除外资格。在中国，《反垄断法》第 69 条对农业适用除外制度适格主体的表述为“农业生产者”和“农村经济组织”，此处的“农村经济组织”具体外延语焉不详，由此导致中国反垄断法农业适用除外制度的主体要件并不清晰。正是由于这一规定的不确定性，导致实践中农产品流通商的一些限制竞争行为难以得到反垄断执法的有效威慑，我国农产品流通市场的公平竞争环境遭受到一定程度的不良影响。

笔者认为，中国反垄断法农业适用除外制度的主体要件应当还原为“农业生产者及其联合组织”的定位，将下游农产品流通商排除在主体范畴之外。但是，由于在中国农村实践中运作的各类社会经济组织形态多样、性质复杂，其究竟是否符合农业生产者联合组织的法律性质，需要具体问题具体分析，尤其是一些社会经济组织，其名称中虽然包含“农民”“农村”“农业”等称谓，但其实际运作过程却有可能并不直接关涉农业生产者的利益诉求，很容易被误判为具有反垄断法农业适用除外资格，导致主体要件的不合理扩张。故而，笔者将中国实践中的各类与“三农”相关的法律主体、社会经济组织进行逐一梳理分析，进而分类为以下三种情形：第一种情形为“当然适格主体”，即应当赋予反垄断法适用除外资格的主体类型；第二种情形为“当然不适格主体”，即不应当赋予反垄断法适用除外资格的主体类型；第三种情形为“或然适格主体”，即其是否赋予反垄断法适用除外资格不可一概而论的主体类型。

一、中国反垄断法农业适用除外制度的当然适格主体

（一）农业生产者

本书第二章第二节已对《反垄断法》第69条所规定的“农业生产者”之概念进行过详细界定。农业生产者是享有反垄断法适用除外主体资格的个体经营者，它是指处于农业产业环境的最上游，直接从事有关种植业、林业、畜牧业、渔业等农业生产或农产品初加工的自然人。这类群体直接获得农业生产所带来的收益，并承受农业因脆弱性而带来的自然风险和经营风险，在中国经济转轨期和城乡二元结构下，具有明显的弱势地位，进而具有将其排除在反垄断法调整范围之外、予以倾斜性保护的必要性。对农业生产者概念的界定并不受农民身份或农村户籍的客观限制，即只要其直接从事农业生产活动，即理应被界定为农业生产者，而是否具有农村户籍，则在所不论；与之相对应的，有些人长期进城务工，不再从事农业生产活动，但依然保留农村户籍，在法律形式上依然属于农民，对于这类社会群体，由于其从事的社会行为已与农业生产活动无关，故不属于农业生产者的范畴。

（二）农村集体经济组织、村民小组、农村基层群众性自治组织

农村集体经济组织、村民小组和农村基层群众性自治组织（村民委员会）属于我国最天然的代表农民和农村利益需求的公共组织。在中国，基于农村土地集体所有制的经济基础，这类主体代表村民集体承担一定的有关集体土地的发包、经营和管理职责，由于土地在农业生产活动中属于最重要的生产资料，这一职责显然会直接涉及和影响农业生产者的利益需求。我国的土地管理法律明确赋予了这类主体相关职责。比如，《中华人民共和国土地管理法》（以下简称《土地管理法》）第10条规定：“农民集体所有的土地依法属于村农民集体所有的，由村集体经济组织或者村民委员会经营、管理；

已经分别属于村内两个以上农村集体经济组织的农民集体所有的，由村内各该农村集体经济组织或者村民小组经营、管理；已经属于乡（镇）农民集体所有的，由乡（镇）农村集体经济组织经营、管理。"《中华人民共和国农村土地承包法》（以下简称《农村土地承包法》）第5条规定："农村集体经济组织成员有权依法承包由本集体经济组织发包的农村土地。任何组织和个人不得剥夺和非法限制农村集体经济组织成员承包土地的权利。"另外，这类社会组织又显然在我国农村社会治理活动中发挥着重要的自治性功能，天然地与农民的各方面利益需求直接相关。因此，在我国，此类主体实际上最符合"农业生产者的联合组织"之内涵，属于我国最天然的一类享有农业适用除外主体资格的社会组织。

（三）乡镇企业、乡村集体所有制企业

在我国，从事农业生产经营活动的主体除了以个人或农户为单位的自然人农业生产者之外，还有各类由农民或农村集体经济组织出资成立的，以企业化形态运作的、以从事农业生产经营活动为基本业务的农业企业，这主要是指乡镇企业和乡村集体所有制企业两类。[1]《中华人民共和国乡镇企业法》（以下简称《乡镇企业法》）第2条规定："本法所称乡镇企业，是指农村集体经济组织或者农民投资为主，在乡镇（包括所辖村）举办的承担支援农业义务的各类企业。前款所称投资为主，是指农村集体经济组织或者农民投资超过百分之五十，或者虽不足百分之五十，但能起到控股或者实际支配作用。"而《中华人民共和国乡村集体所有制企业条例》第

---

[1] 严格来说，依照所有制形态的不同，以企业化运作的农业企业可能包含三种类型：第一种是由农村集体经济组织、村民小组等举办的，在集体所有制土地上成立的企业，即乡村集体所有制企业；第二种是由农民、农村集体经济组织或其他法律主体合资成立的企业，即乡镇企业；第三种是由国有资产设立的，在公有制土地上成立的、以企业化形态运作的国有农场。但笔者认为，只有乡村集体所有制企业和乡镇企业适宜赋予反垄断法适用除外主体资格，而以企业化形态运作的国有农场则不适宜纳入适用除外范围。在本节后文第二部分"中国反垄断法农业适用除外制度的当然不适格主体"，还会对国有农场的适用除外地位有进一步的分析。

2 条则将乡村集体所有制企业界定为“由乡（含镇，下同）村（含村民小组，下同）农民集体举办的企业”，第 4 条将该类企业的主要任务界定为支援农业生产和农村建设、促进农村商品生产和服务业发展，增加国家财政和农民收入，等等。

由此可见，不管是乡镇企业还是乡村集体所有制企业，都具备以下共同特征：其一，两类企业都以直接参与农业生产经营活动为主要业务，并为中国落实农业产业政策、促进农村发展起到一定的辅助性作用，属于兼具营利性和公益性的社会经济组织；其二，两类企业的主要投资来源或成员均以农民、农村集体经济组织为主，虽不乏非来源于农村的社会资本，但从两类企业的相关法律、规范性文件来看，这类社会资本并不在企业中处于优势地位，其意志并不会直接影响企业整体运行的公共目的，在一定程度上还可以促进“资本下乡”带来的农业产业发展。综上所述，笔者认为乡镇企业、农业企业和乡村集体所有制企业均符合“农业生产者的联合组织”的概念特征，理应享有反垄断法适用除外主体资格。

二、中国反垄断法农业适用除外制度的当然不适格主体

（一）国有农场

改革开放以来，我国农业生产经营活动在经历了家庭联产承包责任制改革以后，以集体土地所有制下的农户经营为最主要的生产方式，但是，依托于土地公有制的国有农场模式并未完全消失。统计资料显示，截至 2015 年年底，中国仍有 1785 个国有农场，职工人数 288 万人，共占据耕地面积 6325 千公顷[1]，仍然是我国农业生产经营活动中的一支重要力量。实践中，不同地区、不同规模、不同发展阶段的国有农场适用差别较大的

[1] 智研咨询集团:《2017—2022 年中国示范农场行业发展趋势及投资战略研究报告》，载 https：//www.chyxx.com/research/201702/494338.html，2020 年 2 月 1 日最后访问。

经营管理体制：有的已经完成了企业化改制，实行公司制、股份制的运作方式，经营业务除了农业生产之外，还包含农产品加工与销售、食品批发、生态旅游等多样化的业务；有的则依然很大程度保持行政体制，由当地农垦行政管理系统负责运行，以“大农场套小农场”的层层管理方式组织生产活动，小农场农工隶属于大农场管理，从事农业生产经营活动。[1]

笔者认为，国有农场本身不适宜赋予反垄断法适用除外主体资格，但是，作为国有农场成员、直接从事农业生产活动的农户、农工等，则显然属于前文所述“农业生产者”的范畴，理应赋予适用除外资格。理由有以下两个方面。

其一，赋予国有农场适用除外资格，不符合反垄断法农业适用除外制度设置的本意。国有农场是以法人形态运作的农业生产组织，本质上是土地生产资料的拥有者和管理者，但自身并非直接从事农业生产活动的人；基于土地公有的所有制属性，国有农场的运作受到国家资本的保障，因此它也并不直接承担农业生产活动所带来的风险。概言之，国有农场并不符合反垄断法农业适用除外制度主体要件中所谓“弱势群体”的功能假设，国有农场本身已有很强的经济能力、协作能力和抗拒自然灾害与市场风险的能力，再无必要通过将其纳入适用除外范围的方式予以特殊保护。

其二，中国国有农场自身组织形态具有复杂性、多样性和不确定性，使其很难归属为“农村经济组织”的性质。国有农场本质上是在市场经济体制大行其道的当下，在农业生产领域全民所有制的“自留地”。改革开放以来，不同地区、不同规模、不同发展阶段的国有农场选择了不同的发展模式和改革趋势，这使其法律性质、业务属性等各方面均具有较强的多样性。有的依然沿用计划经济时代自上而下的管理体制，这使其呈现行业管理机构的属性，本质上是一种“公法人”；有的则已向股份制、公司制

---

[1] 朱玲：“中国农业现代化中的制度尝试：国有农场的变迁”，载《经济学动态》2018 年第 2 期。

的现代营利法人形态进行改革，但在这一背景下，农业生产活动通常已不构成其核心业务。有些国有农场甚至依托于其所处的自然和地理环境，演化为以经营生态旅游为核心业务的经济组织，在其日常经营活动中，农业生产已变得十分边缘化。例如，有“中国第一农场”之称的黑龙江双鸭山友谊农场，如今已成为集现代化机械农业、城镇建设、工业制造、红色旅游于一身的经济组织，[1]这已与我国反垄断法农业适用除外制度所预设的“农村经济组织”之主题性质相去甚远。

（二）中国农业发展银行、中国农业银行、农村商业银行、村镇银行

在中国，存在一些名称中带“农”，基本经营业务又与国家落实农业产业政策存在一定的相关性，但属于由国家经营或社会资本经营，其组成人员、资本来源或主干业务与农业生产者不直接相关的经济组织。这类组织在国家的支农类金融业务中最为常见，如中国农业发展银行、中国农业银行、农村商业银行、村镇银行等，它们均不适宜赋予反垄断法适用除外资格。

中国农业发展银行实际上属于政策性银行，即由政府财政拨付资本金，以国家目标和社会效益为主要经营考虑，不以营利为目的的非商业性银行。[2]中国农业发展银行为我国唯一一家农业政策性银行，其以筹集支农资金、支持“三农”事业发展为主要政策性目的[3]，对我国农业生产经营活动的促进和保障功能十分突出。但是，中国农业发展银行是由国家资本组织运行，直属于国务院，虽然在促进“三农”事业方面功能突出，但无

[1] 参见黑龙江省友谊农场主页：http：//yy.nkhxl.com/，2020 年 2 月 1 日最后访问。

[2] 黄蓓：“政策性银行改革的法律问题研究——以国家开发银行为样本”，见顾功耘、罗培新主编：《经济法前沿问题（2014）》，北京大学出版社 2014 年版。

[3] 参见中国农业发展银行主页：http：//www.adbc.com.cn/n4/index.html，2020 年 2 月 1 日最后访问。

论如何都无法纳入“农业生产者的联合组织”的范畴，不应当享有反垄断法适用除外资格。

中国农业银行属于实行股份制，由社会上不同的资本来源共同投资、以营利性为目的、实行公司治理结构的商业银行。在中国农业银行的现有业务中，虽存在一部分有助于落实国家农业产业政策的农业信贷业务，但它本质上是以营利为目的的企业法人，不以农业生产者的利益需求为根本目的，显然不应当具有反垄断法适用除外主体资格。

农村商业银行是一种地方性的银行业金融机构，它通常由辖区内的农民、农村工商户、企业法人和其他社会资本共同入股设立。由此可见，农村商业银行的参与者可能会具有一定比例的农业生产者。但是，农村商业银行本质上是实施股份制、公司制的现代商业银行，其从事的金融业务也与地方性的城市商业银行、全国性的股份商业银行并无本质区别。不应仅因为其可能具有小比例的农业生产者参股，就将其轻易地界定为“农业生产者的联合组织”的范畴。因此，农村商业银行不应享有反垄断法适用除外资格。[1]

村镇银行是经中国银行业监督管理委员会依据有关法律、法规批准，由境内外金融机构、境内非金融机构企业法人、境内自然人出资，在农村地区设立的主要为当地农民、农业和农村经济发展提供金融服务的银行业金融机构。[2] 村镇银行虽然在农村地区设立，其提供的金融服务也存在较大比例的“三农”类业务，但本质上依然是以营利为目的的商业银行，其

---

[1] 值得注意的是，中国的农村商业银行实际上都是由农村信用社、农村信用合作社、农村合作银行等改制而来。依据2003年6月国务院《深化农村信用社改革试点方案》（国发〔2003〕15号）的规定，农村信用社、农村信用合作社应“按照因地制宜、分类指导原则，积极探索和分类实施股份制、股份合作制、合作制等各种产权制度，建立与各地经济发展、管理水平相适应的组织形式和运行机制”。在改制为农村商业银行以前，农村信用社、农村信用合作社、农村合作银行在中国不同地区、不同时期的法律性质存在较大差别，有的属于从事金融类业务的农村合作经济组织，有的属于商业银行，对这类主体的反垄断法适用除外主体资格问题，不能一概而论，需要具体问题具体分析，在本节第三部分以及本章第二节中，会对此有进一步的具体研究。

[2] 参见中国银监会《村镇银行管理暂行规定》第2条。

运行基础来源于境内外的各类社会资本，并非农业生产者的联合。因此，村镇银行显然也不应享有反垄断法适用除外资格。

三、中国反垄断法农业适用除外制度的或然适格主体

在中国，存在一些复杂的社会经济组织，其成员既包含农业生产者及其联合组织，又包含一些下游农产品流通商，甚至还包含一些与农业生产经营活动完全无关的社会资本，对这类主体是否享有反垄断法适用除外主体资格的分析，是很难一概而论的，需要具体问题具体分析。如果严格依照“农业生产者的联合组织”的主体要件标准，只要某一经济组织中存在非农业生产者成员，即不应赋予其适用除外资格，但是，这种过于严苛的判断方法会抑制“资本下乡”的内在动力，并不利于农业产业发展和农民利益的维护。因此，比较妥当的做法是：应当根据不同社会经济组织的现实运作情况，判断农业生产者在其成员结构中是否居于主流，能否在绝大多数情况下影响组织的决议、运作与经营活动，只要来源于农产品流通商或非农村资本的力量并未实质上控制该组织，并未本质上改变该组织的性质，则仍然可以将其纳入反垄断法适用除外的主体范畴。

在我国，这种由农业生产者和非农业生产者共同参与的经济组织主要包含两类：农村合作经济组织和农业行业协会。由于对这两类组织是否具有反垄断法适用除外资格的分析需要根据具体情况进行详述，因此，在本章第二节、第三节中，将各自展开对农村合作经济组织和农业行业协会适用除外主体资格问题的专门论述。本部分内容仅初步探讨这两类主体的基本概念、特征和类型问题。

（一）农村合作经济组织

《民法典》于“特别法人”一节的第100条明确：“城镇农村的合作经济组织依法取得法人资格。”“法律、行政法规对城镇农村的合作经济组织

有规定的，依照其规定。”由此可见，合作经济组织在我国被赋予“特别法人”资格。国际合作社联盟（International Co-operative Alliance，ICA）将合作经济组织定义为“自愿联合起来的人们通过共同所有与民主管理的组织以实现其共同的经济、社会与文化目标及需求的自治性联合体”。并申明了其组织与运行的七项基本原则：自愿和开放的社员制；民主的社员管理；社员的经济参与；自治与自立；教育、培训和宣传；合作社间的合作；关心社区。[1]结合这些国际上通行的一般规则，笔者认为，合作经济组织具有以下两个方面的法律性质。

第一，从合作经济组织的自治功能上来看，它具有典型的互益性、民主性和人合性。合作经济组织的功能定位为“为全体社员谋经济的利益和生活的改善”，[2]是具有同类经济、生活或社会需求的人联合并自治的结果。亦即，由社会上从事同一行业、具有共同需求、具备某一纽带的社会群体通过设立合作经济组织的形式，以互助的方式解决共同的需求。在内部组织规则上，合作经济组织体现出民主性和人合性的特征，它排斥或起码竭力淡化资合性，这使其与企业法人的组织规则存在明显差别，后者在决策机制层面遵循“资本多数决”原则，即“一股一票”，投资比例高的股东也将享有更高的表决权重，在盈余回报层面遵循依投资比例分配的原则，投资比例越高，预期的资本回报比例也将越高。与之相对比，合作经济组织则遵循“一人一票”和“依交易比例分配盈余”的规则：一方面，在决策机制层面，任何社员均享有一票平等的表决权，而不论其投资比例的多寡；另一方面，在盈余回报层面，合作经济组织依照鼓励社员经济参与的原则，根据社员实际参与交易额的比例而非投资比例分配盈余，即谁对合作经济组织的“贡献率”高，谁的盈余分配就高。[3]社员投资比例较高仅

---

[1] International Co-operative Alliance. Statement on the Co-operative Identity. adopted in Manchester（UK）23 September 1995，http：//www.gdrc.org/icm/coop-principles.html.

[2] 李锡勋：《合作社法论（增订第4版）》，三民书局股份有限公司1992年版，第41页。

[3] 孙晓红：《合作社立法模式问题研究》，知识产权出版社2012年版，第58-59页。

意味着其参与较多交易的机会更高，而并不因其投资比例天然地获得更高的盈余回报。

第二，从合作经济组织的社会功能上来看，它发挥着提供“准公共物品”的职能，从而有必要在政策法规层面予以倾斜性保护。提供公共物品是当代社会政府的一项重要经济职能，相较私人物品，公共物品具有很强的非排他性与非竞争性，这使其很难依靠市场竞争机制得以有效提供，而必须一定程度依赖国家干预发挥作用。但是，基于财政或精力的有限性，政府必然无法满足所有提供公共物品的要求，尤其是当涉及一些特殊社群集体利益的所谓“准公共物品”时，政府可能并无充分的精力满足其基本需求。此时，以社会自治、互助的形式，通过合作经济组织“人人为我，我为人人”（all for one，one for all）的内在机理，[1]就能使政府在面对特殊社群的特殊利益需求时，有效分担和降低其提供公共服务方面的压力，也正因如此，政府具备充分的动力促进各类合作经济组织发展。[2]因此，在国内外的经济法律制度设计中，都会通过产业扶持、信贷支持、财政补贴、反垄断适用除外等各种倾斜性的制度设计，对合作经济组织进行培育和保护。[3]

合作经济组织并没有明确的类型划分。实践中，根据不同国家、不同利益群体的实际需求，会有致力于解决不同群体互助性利益需求的合作经济组织得以产生和发展，如生产合作社、消费合作社、信贷合作社、保险合作社，等等。具体到我国来看，主要有农民专业合作社、信用合作社、住宅合作社、供销合作社四类，在这四类合作经济组织中，除住宅合作社

---

[1] 这句可以形象地形容合作经济组织性质的名言源于19世纪法国作家大仲马的文学著作《三个火枪手》，《三个火枪手》出版于1844年，而世界上最早的合作社组织英国罗虚戴尔公平先锋社（Rochdale Equitable Pioneers Society）亦在1844年设立。

[2] 刘倩、赵慧峰、苏红娟：“政府促进农民专业合作社发展的动因与职能分析”，载《农业经济》2008年第3期。

[3] 陈岷、赵新龙、李勇军：《经济法视野中的合作社》，知识产权出版社2016年版，第58页。

仅在改革开放初期出现于我国城市中，完全不涉及“三农”问题以外，[1] 其他三类合作经济组织均与农民或农村相关。

1. 农民专业合作社

农民专业合作社是在农村家庭承包经营基础上，同类农产品的生产经营者或者同类农业生产经营服务的提供者、利用者，自愿联合、民主管理的互助性经济组织。[2] 为了确保农民专业合作社作为农业生产者联合组织的法律性质，《中华人民共和国农民专业合作社法》（以下简称《农民专业合作社法》）对其组织和运行活动设置了一些限制性规则，比如，合作社要确保“成员以农民为主体”，实行“一人一票”而非“一股一票”进行表决，出资额较大的成员虽享有一定的附加表决权，但该表决权被限制在不得超过20%的上限之下，等等。[3] 这些规则与《美国凯普沃斯蒂德法》的“一人一票”标准和“回报率8%”标准精神内核是一致的，即通过合作社组织规则的限制，确保这类主体以解决农业生产者互助性需求为根本目的。但是，由于在实践中对农民专业合作社的上述运行规则欠缺有效监管，我国现实中存在一些数量不菲的“假合作社”或“空壳合作社”的问题，这些组织虽具有农民专业合作社的外观，但其本质上是由农产品流通

---

[1] 住宅合作社在我国属于“昙花一现”的产物，它伴随着20世纪80年代开始的住房商品化改革而产生，其主要功能是在住房商品化改革的过渡期内，完成社员间的集资建房和合作建房任务。实践中，住宅合作社主要依托于单位，利用单位已有或国家划拨土地，通过职工合作的形式解决住房需求；少部分也存在政府部门牵头成立，统一制定建房计划、统一施工的政府主导型住宅合作社。住宅合作社的这一功能定位决定了其存在的阶段性，待住房商品化改革结束后，进入21世纪的住宅合作社功能式微，到2002年已减少过半，年建房量已不及全国建房总量的1%。目前，我国的住宅合作社虽不能说完全消失，但也基本偃旗息鼓，部分依然保留的住宅合作社则通常归口当地民政部门或建设部门管理，处理一些旧危房改造开发、建房基金的统筹管理等遗留性事务，已不具有合作经济组织的实质。有关住宅合作社的进一步分析，参见：孙晓红：《合作社立法模式问题研究》，知识产权出版社2012年版，第200-201页；陆介雄、宓明君、李天霞：《住宅合作社立法研究》，法律出版社2006年版，第82页。

[2] 参见《农民专业合作社法》第2条。

[3] 参见《农民专业合作社法》第20条、第22条。

商或其他社会资本控制的企业组织，已不具备合作经济组织的实质。[1]因此，如何在反垄断法农业适用除外主体的界定过程中，有效地甄别和剔除此类“假合作社”与“空壳合作社”，是一个疑难问题。

2. 农村信用合作社（含农村信用社、农村合作银行）

中华人民共和国成立初期以来，我国城市和农村均存在以“信用社”“信用合作社”等为名的合作金融组织。当时，这类农村信用社、农村信用合作社以农民为主要成员，以解决其在农业生产经营活动中的互助性信贷需求为主要功能。若依照彼时的农村信用社、农村信用合作社的法律性质、成员属性和运行规则，其理应属于典型的农村合作经济组织的范围，理应享有适用除外资格。但是，改革开放以来，我国的农村信用社、农村信用合作社经历了阶段性改革。进入 21 世纪，越来越多的农村信用社、农村信用合作社均改组为“农村商业银行”挂牌经营，其内部组织形态已经属于股份制的现代金融企业，与合作经济组织无任何关系。除此之外，在我国一些地区，仍然存在少数以农村信用社、农村信用合作社为名的金融机构，还有部分改名为“农村合作银行”挂牌经营，但这些主体的内部组织管理规范已经十分多样化和混乱，多数已经与合作经济组织无任何关联。因此，对于农村信用合作社、农村信用社、农村合作银行之类的组织是否享有反垄断法适用除外主体资格的问题，需要具体问题具体分析。

3. 农村供销合作社

我国在计划经济时代即存在以国营商贸零售系统为核心业务的供销合作社体制，它在形式上具有与前文所述的合作经济组织相类似的特征，但本质上是国营部门，并非以解决互助性经济需求为目的的真正意义上的“合作社”。改革开放后，供销合作社系统依然在某种程度上保留，并在农

---

[1] 苑鹏：“中国特色的农民合作社制度的变异现象研究”，见仝志辉主编：《农民合作社发展中的问题与法律规制》，社会科学文献出版社 2016 年版。

村中保留部分供货、商贸业务，这类组织在落实国家农业产业政策上具有一定的积极功能，但并非由农业生产者组成和运作，实际上是计划经济体制的国营部门在农村领域的残留。进入21世纪，我国不同地区的供销合作社系统进行了不同程度的改革，其法律性质已然较为复杂。部分地区已经开始按照农村合作经济组织的法律性质，开始向更符合农业生产者联合组织的要求进行改革，此时就比较适宜纳入反垄断法适用除外的主体范围；但绝大多数的供销合作社依然是行政权力在农村领域的延伸，是计划经济体制改革不彻底的结果，不应当赋予适用除外资格。

（二）农业行业协会

行业协会是指由具有一定同业竞争关系的经营者组成的，通过自愿、自律和自治的形式解决本行业共同的生产、经营、协作、维权等问题的非营利社会组织。[1]在西方国家民事主体法律制度的法人理论中，行业协会与合作经济组织的法律性质相类似，均属于所谓的“互益法人”，即以满足成员的互助性经济需求为目的的法人组织，是“营利法人”与“公益法人”的中间状态。[2]互益法人在实践中表现为“商会、行业协会和工会，然后是各种形式的联盟、俱乐部、合作社、同乡会、同学会、研究会、学会、有着共同的爱好和兴趣的人们之间组成的以‘社’或者‘家’等名义登记成立的法人”。[3]因此，与合作经济组织相类似的，行业协会对于解决社会弱势群体有关生产、信贷、生活等方面的互助性经济需求亦具有明显

---

[1] 陈润根：《我国行业协会限制竞争行为规制范式的反思与改进》，中南财经政法大学2019年博士学位论文，第11页。

[2] 刘大洪，邱隽思：“我国合作经济组织的发展困境与立法反思”，载《现代法学》2019年第4期。

[3] 陈晓军：“论互益性法人”，载《比较法研究》2008年第3期。

功能。[1]

我国法律中并不存在单独的所谓“农业行业协会”的概念。一般认为，农业行业协会是指由从事农产品生产、加工、贸易等经济活动的农户或企业围绕某一产业、产品和区域建立起来的，实行社团法人、行业自律、自主决策、民主管理的非营利性中介组织。[2]与农民专业合作社不同，农业行业协会不存在单独立法，这便造成其成员资格、组织形态和运行方式欠缺统一立法的限制。中国实践中的农业行业协会具体表现也各不相同，既有以农业生产者、农业企业等上游经营者为主要成员组成的农业行业协会，又有将同一地域范围内不同生产经营链条上的农业生产者、流通商统一组织在一起的行业协会。这种形态的复杂性使中国的农业行业协会在实践中的功能表现是多样化的：有的呈现与合作经济组织相类似的功能，以满足农民的互助性、合作性需求为主；但更多的则是同类产业各链条经营者的复杂结合，主要目的是满足成员的逐利性需求，此时，农业行业协会内部成员有可能以缔结垄断协议的形式，损害农业产业的竞争环境。由此可见，农业行业协会的身份成员较为复杂，在市场竞争中所代表的意志和利益倾向也存在差别，并不适宜一概纳入反垄断法适用除外的范

---

[1] 值得注意的是，合作经济组织与行业协会均属于“互益法人”的这一判断，源于经典的大陆法系法人理论，即将其作为“营利法人”和“公益法人”的一种中间形态。但我国并未确立“互益法人”这一类法人形态，而是将法人分为“营利法人”、“非营利法人”和“特别法人”三类。在此逻辑体系下，我国的合作经济组织与行业协会分别属于不同的法人类型。《民法典》第87条规定：“为公益目的或者其他非营利目的成立，不向出资人、设立人或者会员分配所取得利润的法人，为非营利法人。非营利法人包括事业单位、社会团体、基金会、社会服务机构等。”行业协会属于社会团体法人的一类，因此其在中国应归为“非营利法人”的范畴。《民法典》第96条规定：“本节规定的机关法人、农村集体经济组织法人、城镇农村的合作经济组织法人、基层群众性自治组织法人，为特别法人。”据此，我国的合作经济组织属于“特别法人”的范畴。对于这种法人类型的划分方式，我国学界已存在一定的批评意见，有关这方面的深入探讨，可参见谭启平、应建均：“‘特别法人’问题追问——以《民法总则（草案）（三次审议稿）》为研究对象”，载《社会科学》2017年第3期。

[2] 李瑞芬：“国内外农业行业协会发展的比较与启示”，载《世界农业》2008年第2期。

畴之下。[1]只有当农业行业协会的成员以直接参与农业生产的农民为主，其运行过程以解决农户的互助性需求为主时，农业行业协会才可以被界定为符合“农村经济组织”的概念范畴，享有适用除外主体资格。

第二节 特殊农业市场主体的反垄断法适用除外资格分析（一）：农村合作经济组织

本章第一节已述，中国的农村合作经济组织主要体现为三类：农民专业合作社、农村信用合作社以及农村供销合作社。在这三类农村合作经济组织的实践运行中，除了农业生产者及其联合组织之外，一些非农业生产者也会参与其中，并影响其运行目标和法律性质；而在改革开放进程中，伴随着从计划经济向市场经济的转轨，中国上述三类农村合作经济组织的法律性质也曾阶段性地发生变化。在这些要素的影响下，中国的农村合作经济组织不适宜一概界定为具有反垄断法适用除外资格，而应当根据不同合作社类型、不同组织结构、不同发展阶段进行具体问题具体分析。

一、农民专业合作社的反垄断法适用除外资格研究

（一）农民专业合作社享有反垄断法适用除外资格的必要性

从全球视野来看，农民专业合作社既是最典型的一类农村合作经济组织，又几乎属于最常见的一类农业生产者联合组织，也因此而成为各国反垄断法中最常见的反垄断法农业适用除外主体。各国反垄断法之所以倾向于将农民专业合作社纳入适用除外的主体范畴，是因为此类主体在促进农

[1] 吴太轩、叶明：“论农业行业协会的反垄断法适用”，见李昌麒、岳彩申主编：《经济法论坛（第8卷）》，群众出版社 2011 年版。

业生产者协作、开拓有效的农产品流通渠道、提高农民收入和确保农产品稳固供应等方面均具有不可否认的重要作用。

本书第一章已述，一方面，农业生产经营活动呈现“上游弱、下游强”的基本特征，农业生产者极度依赖于所处的生态环境和自然条件，一次偶发的自然灾害就有可能令一个地区的农业生产活动马上陷入困境；另一方面，农产品时令性、季节性、区域性极强，很多农产品又具有鲜活易腐的特征，这使农民对便利迅捷的农产品经销渠道的依赖性极强。在农业生产者和消费者之间是否存在通过便利的经销渠道搭建的“桥梁”，将直接决定农产品适销的基本状况。下游流通商所构建的农产品适销渠道有时会成为农业生产者的“关键设施”，直接影响其生产经营活动；也正是由于这一特征，农产品流通商通常相较农业生产者具有更高的议价能力，农产品虽然在经过流通渠道加价后出售给消费者，但这一溢价空间可能并未由农业生产者所享，而主要由农产品流通商所攫取。反垄断法之所以赋予农业生产者适用除外地位，就是希望能一定程度鼓励其进行联合，从而提高其相较农产品流通商的议价能力，而农民专业合作社在这一环节中恰恰发挥了十分重要的作用。

概言之，农民专业合作社对改善农业产业环境的作用主要体现为以下两个方面：一方面，合作社可以将农民有效地协调起来，就农业耕作、收获、储存、销售等方面达成一致行动，从而降低农业生产经营活动的成本，并在农业生产者与流通商的缔约活动中，形成一致力量，提高议价能力，更多地分享农产品在经销环节的溢价空间；另一方面，通过将农民的生产活动和经济能力协调起来的形式，农民专业合作社自身也可自主开发有效的农产品经销链条，即令农业生产者得以“向下游延伸”，开发出由其自主控制的农产品销售渠道，减少农产品的分销环节。通过这种方式，农业生产者和消费者可以更加便捷地结合在一起，对消费者而言，农产品由于分销环节的减少，价格会有所降低；而对农业生产者而言，又能享受到更高的农产品溢价收益，农业生产经营活动的效率能得到显著提高。农

业专业合作社的上述作用，在国内外的诸多实证研究中均有坚实的佐证。❶

正是由于农民专业合作社所具备的上述功能，它在现实中除了作为一类特殊的法人主体受到民事法律制度的调整之外，还从经济法角度对其积极进行国家干预和扶持，从而促进其在联合农业生产者、发掘农产品流通渠道、促进农产品有效供应等方面作用的发挥。除了赋予其反垄断法适用除外地位之外，这些制度扶持和优待通常还包含一系列的产业扶持、财政补贴、信贷优惠，等等。❷

（二）农民专业合作社正当运行的制度保障

伴随着社会发展，尤其是市场经济进程带来的"资本下乡"趋势，农民专业合作社的组织性质和运行功能也开始不断遭受挑战。前文对农民专业合作社可能具有的社会功能进行了总结，其能够发挥相应功能的前提是：农民专业合作社是"名副其实"的。亦即，农民专业合作社作为以农业生产者为主要成员的结合，应时刻保持以解决农业生产者之间有关农产品的生产、加工、储存、销售等方面的互助性需求为主要目的，而不应被社会资本的力量过度侵蚀。但在实践中，有很多非农业生产者，如农产品流通商、与农业生产经营活动无直接关系的社会资本等，也加入农民专业合作社当中，与农业生产者形成复杂的协作关系。这些社会主体和资本的加入一方面有助于为农业生产活动注入更多的资本和力量，提高农业生产者的经济地位和议价能力；另一方面，由于这些主体本身并不属于农业生产者，在合作社的组织和运行过程中抱有较强的逐利性目的，就有可能僭

---

❶ 国外此方面的研究可参见：Chopra Narayan. Cooperatives and Sustainable Development：a Case Study of Dairy Cooperatives. *Golden Research Journal*，2012，(3)；Wooseung Jang，Cerry M Klein. Supply Chain Models for Small Agricultural Enterprises. *Annals of Operations Research*，2011，(9)。国内此方面的代表性研究可参见薛建强：《中国农产品流通模式比较与选择研究》，东北财经大学博士学位论文，2014年。

❷ 刘大洪、邱隽思："我国合作经济组织的发展困境与立法反思"，载《现代法学》2019年第4期。

越和侵袭农业生产者的意志，使农民专业合作社的法律性质发生异化。此时，如何通过立法的形式，一方面对非农业生产者参与农民专业合作社进行引导和规范，促进“资本下乡”对农民带来的积极作用，另一方面又通过制度设计的形式，防止资本对农民专业合作社的过分侵袭，令合作社“名副其实”，就成了一项十分重要的任务。这种有效的制度设计也符合将农民专业合作社纳入反垄断法适用除外制度范围的本源目的。

在《美国凯普沃斯蒂德法》中，在赋予所谓“农业联合组织”（其法律性质与农民专业合作社相类似）反垄断法适用除外主体地位的同时，对其成员资格、运行目的、决议规则、分红事项四个方面均进行了严格的限制。首先，对于加入联合组织的成员资格，立法要求必须是直接参与农业生产，对农业生产的结果承担直接利益和风险的主体；其次，对于联合组织的运行目的，立法要求这种联合必须是基于互助性的目的，联合组织本身不能具有超出参与联合的农业生产者的其他营利性目的，联合组织为非成员处理的商品价值不能超过为成员处理的商品价值；再次，对于联合组织的决议规则，立法设置了“一人一票”标准，即任何参与联合的农业生产者成员，不论其投资多少，在联合组织的内部表决中，均不享有超过一票的表决权，公司制企业中的“一股一票”原则在联合组织内部不适用；最后，对于联合组织的分红事项，联合组织成员主要依照交易额比例分红，而非投资比例，对于投资较多的农业生产者成员，立法又设置了“回报率 8%”标准，即该成员可以获得更高的投资年回报率，但该回报率不得超过 8% 的上限。[1] 通过这一系列制度设计，可以有效地防止在农业联合组织内部产生大股东会员控制组织的情况，从而确保该组织的运营是以维护农业生产者的互助性共同利益需求为目的。[2]

在我国亦存在类似的制度设计。我国自 2007 年 7 月 1 日起实施的《农

[1] 7 U.S.C. §291.

[2] Donald A. Frederick. “Antitrust Status of Farmer Cooperatives: The Story of the Capper-Volstead Act”. *Cooperative Information Report* 59, 2002（9）.

民专业合作社法》（该法的新修版本于2018年7月1日起实施）是我国迄今为止唯一一部由全国人大制定的合作经济组织专门立法。在《农民专业合作社法》中，在成员资格、决议规则和分红事项方面对农民专业合作社进行了严格的规范和限制。在这些制度设计中，《农民专业合作社法》与《美国凯普沃斯蒂德法》的思路存在适度差别：后者的逻辑是，完全排斥非农业生产者参与联合组织，投资较多的成员在民主决议上也不享有任何附加表决权，盈余分红也受到"回报率8%"标准的严格限制；但在我国，农业的产业发展和升级尚未完成，农民经济能力和社会地位低，农业生产经营活动的集约性差，若完全排除社会资本在农民专业合作社中的附加表决权，则不利于"资本下乡"带来的推动农业产业发展效果。因此，我国《农民专业合作社法》对非农业生产者参与合作社经营活动持更加开放的态度，但与此同时，该法亦在诸多规则设计中，仍注重总体上保持农民专业合作社的互益性、人合性，防止其完全异化为社会资本控制下的营利性与资合性组织。总体而言，《农民专业合作社法》的此类制度设计主要体现在以下三个方面。

其一，对合作社组成人员的限制。《农民专业合作社法》明文规定合作社成员必须以农民为主，并可以适度吸收企业、事业单位和社会组织成员，但此类成员数额受到严格限制。《农民专业合作社法》第20条规定："农民专业合作社的成员中，农民至少应当占成员总数的百分之八十。成员总数二十人以下的，可以有一个企业、事业单位或者社会组织成员；成员总数超过二十人的，企业、事业单位和社会组织成员不得超过成员总数的百分之五。"

其二，对合作社决议规则的限制。《农民专业合作社法》明文规定合作社以"一人一票"为主要决议规则，并适度允许出资额较大的成员享有一定的附加表决权，但此类附加表决权的最高比例受到严格限制。《农民专业合作社法》第22条规定："农民专业合作社成员大会选举和表决，实行一人一票制，成员各享有一票的基本表决权。出资额或者与本社交易量

（额）较大的成员按照章程规定，可以享有附加表决权。本社的附加表决权总票数，不得超过本社成员基本表决权总票数的百分之二十。享有附加表决权的成员及其享有的附加表决权数，应当在每次成员大会召开时告知出席会议的全体成员。”

其三，对合作社分红规则的限制。《农民专业合作社法》明文规定合作社主要依交易额比例分配盈余，并适度允许依照出资比例分配，但严格限制依出资比例分配的幅度。《农民专业合作社法》第 44 条规定：“在弥补亏损、提取公积金后的当年盈余，为农民专业合作社的可分配盈余。可分配盈余主要按照成员与本社的交易量（额）比例返还。”“可分配盈余按成员与本社的交易量（额）比例返还的返还总额不得低于可分配盈余的百分之六十；返还后的剩余部分，以成员账户中记载的出资额和公积金份额，以及本社接受国家财政直接补助和他人捐赠形成的财产平均量化到成员的份额，按比例分配给本社成员。”

（三）“假合作社”问题：农民专业合作社适用除外资格的挑战

通过《农民专业合作社法》的相关制度设计，我国的农民专业合作社一方面得以吸收来自社会资本的支持，使其可以有效地促进支农建设与农业发展，另一方面又得以在整体上保持农民专业合作社满足农民互助性需求的根本目的，防止其出现法律性质的异化。但整体而言，我国农民专业合作社的现实运作状况并不理想，依然有比例不低的“假合作社”充斥当中，这些“假合作社”表面上具有所谓“农村经济组织”的资质，获得反垄断法适用除外资格，但实际上又不具有维护、促进农业生产者利益的实质，构成我国反垄断法农业适用除外制度的现实挑战。

从我国农民专业合作社的运作实践来看，完全符合国际上有关合作经济组织互益性、民主性、自治性、人合性的相关标准，属于“真合作社”范畴的组织其实是少数。现实中，中国农民专业合作社的运行情况其实大体可以分为三类：第一类是符合合作社法律性质的相关要求，运作良好、管理规范、有实际成效的“真合作社”，这类合作社其实只占中国农民专业合作社的 20% 左右；第二类是所谓“翻牌”的“假合作社”，它本质上是由农村社区中的大户或公司主办的合作社，它并没有实质意义上的社员会议和民主管理，由某位农业生产大户掌控局面，形式上具有“合作社”的外表，本质上是从事农业生产经营活动的企业，这类“假合作社”占比接近 30%；第三类是介于上述两类之间的“半真半假”的合作社，即由从事农业生产经营活动的农业大户或公司带动，内部呈现“公司 + 合作社 + 农户”混合的模式，形式上具有社员会议、管理规章和民主决议，但实质上主要是由大户说了算，一般成员很难起决定性作用，这类合作社在中国占据的比例最高，达到总数的 40% 以上。[1]

“假合作社”的问题之所以产生，主要是非农业生产者过度干预、过度参与农民专业合作社的制度安排造成的。实践中，很多合作社实际上是由非农业生产者领办的，这使其具体职能与正常的合作社不同，呈现一定的异质性，这主要体现为以下几类情形。第一种是由农产品加工商领办的农民专业合作社，通过合作社的形式，企业建立起与农户纵向农产品供应的长期契约，合作社本质上是企业的原料基地和生产车间，农民在合作社中蜕变为可以获得稳定收入的公司“打工仔”，而并非合作社的所有者。第二种是由农产品经销商领办的农民专业合作社，在这类合作社中，农产品经销商与农业生产者形成相互合作的关系，从而一定程度实现“双赢”。一方面，农产品经销商为农业生产者提供资本支持、技术指导等方面的协助，同时还为农业生产者提供农产品适销渠道；另一方面，农业生产者为农产品经销商带来市场发展空间，助其实现农产品销售增值和业务经营范围的扩张。第三种是投资商领办的农民专业合作社，此类合作社的投资商与农户形成一种“股份合作制”的关系，农户以其土地承包经营权入股，

[1] 刘老石：“合作社实践与本土评价标准”，见仝志辉主编：《农民合作社发展中的问题与法律规制》，社会科学文献出版社 2016 年版。

投资商以现金等入股，投资商承诺入股农户有效获得合作社的就业机会或适度高于市场价的农产品收购权，并保证不低于农户自我经营时的土地租金。第四种最为特殊，它是由村党支部书记、村委会主任等村基层社区领导班子领办的农民专业合作社，这类合作社虽具有一定的经济合作功能，但实质目的在于为社区领导班子获取社区选票、巩固基层政治地位服务。[1]

实事求是地说，在上述几类由非农业生产者领办的农民专业合作社中，尽管农户作为合作社所有者的身份受到了一定程度的侵袭，但其并非完全属于利益的受损者。通过农产品加工商、经销商、投资商等经营者与农业生产者之间的协作，农业生产者"获得了家庭经营无法或难以克服的制度缺陷，例如农产品生产的规模化、标准化，农产品销售的合同化、品牌化，以及农产品生产经营中的不确定性、风险性，等等"。[2]只不过，这些利益是以农户进一步向合作社实质意义上的领办人倾斜决策权与控制权的结果，农产品加工商、经销商、投资商或基层农村社区领袖在这一协作关系中的收益显然更大。而从反垄断法农业适用除外制度的角度来看，这类"假合作社"的存在导致适用除外的主体范畴不恰当地向非农业生产者进行了扩张。当一个合作社实质上由非农业生产者控制和管理，却又因为其形式上属于"农村经济组织"而免于反垄断执法的威慑时，就有可能出现排除、限制市场竞争的不良结果。换言之，虽然我们不应当否认上述四类"假合作社"在现实中也具备提高农户利益、优化农业生产经营活动的实际效果，但这类农业生产者与非农业生产者在经济利益驱动下的复杂协作方式理应交由市场去自主选择、自主竞争，它更适合以各类营利法人的形态去组织和运行，而不应嵌套在合作经济组织的框架之下，更不应享有反垄断法适用除外地位。

---

[1] 苑鹏："中国特色的农民合作社制度的变异现象研究"，见仝志辉主编：《农民合作社发展中的问题与法律规制》，社会科学文献出版社 2016 年版。

[2] 苑鹏："中国特色的农民合作社制度的变异现象研究"，见仝志辉主编：《农民合作社发展中的问题与法律规制》，社会科学文献出版社 2016 年版。

（四）反垄断法农业适用除外制度视野下“假合作社”的治理路径

“假合作社”之所以成为我国农民专业合作社发展过程中的一个典型问题，是由以下三个方面因素综合作用的结果。

其一，作为非农业生产者的社会资本有利用合作社扩大利润的逐利性需求。前文已述，我国《农民专业合作社法》与《美国凯普沃斯蒂德法》的立法思路存在适度差别：后者完全排斥非农业生产者参与联合组织，但在我国，农业的产业发展和升级尚未完成，农民经济能力和社会地位低，农业生产经营活动的集约性差，若完全排除社会资本在农民专业合作社中的附加表决权，则不利于“资本下乡”带来的推动农业产业发展效果。因此，在《农民专业合作社法》的诸多制度设计中，本身即存在适度吸收社会资本参与合作社的空间，对于社会资本而言，这相当于制造了一个通过“假合作社”向农业生产活动拓展经营渠道的机会。

其二，《农民专业合作社法》所确立的内部组织规范欠缺有效监管。《农民专业合作社法》的相关规定尽管为“资本下乡”提供了空间，但其实并不会造成合作社性质的完全“变异”，它旨在适度允许非农业生产者参与合作社，但又不会对合作社的性质造成实质性影响。然而，这些相应的组织规范在实践中欠缺有效监管，导致农民专业合作社的实际运作存在较多违法情形。基于非农业生产者的资本强势性，很多合作社在实际运作过程中并没有真正意义上的民主表决，或尽管存在表决，但出资较多者的附加表决权远远超过《农民专业合作社法》设置的20%上限。[1]实践中，还有的农民专业合作社通过出资代理的形式绕过《农民专业合作社法》的相关限制。对这些行为有效监管的欠缺一定程度上纵容了“假合作社”。

其三，偏好性的政策扶持措施以及地方有关“三农”政绩的过分追求

[1] 刘老石：“合作社实践与本土评价标准”，见仝志辉主编：《农民合作社发展中的问题与法律规制》，社会科学文献出版社2016年版。

间接激励了“假合作社”的产生。对政府补助、税费减免等政策优待措施的追求是我国出现“空壳合作社”“假合作社”等问题的重要原因。[1]一方面，为了能换取这些针对合作社的政策优惠，非农业生产者倾向于将其企业“伪装”成合作社，而合作社的成立在出资额、成员身份等方面的监管不严，便为其骗取政策优惠提供了空间。另一方面，地方政府在“三农”建设中，又存在“嫌贫爱富”式的扶持措施，亦即，对规模较大、成员较多或GDP贡献量大的合作社予以特殊的财政补贴、税收返还或其他优惠措施，这便进一步激励了各类“假合作社”的产生。

针对上述情况，不论是从健全农民专业合作社法律制度的角度，还是从改进农业产业政策的角度，抑或优化反垄断法农业适用除外制度的角度，我国的“假合作社”问题均有必要开展系统治理。主要有以下三个方面的法律对策。

首先，从健全农民专业合作社法律制度的角度来看，应当从单纯的以激励为主的合作社发展策略向激励与监管并重的发展方向改进。[2]作为一类重要的合作经济组织，农民专业合作社确实在提高农民收入、促进农业产业发展、发掘高效率的农产品供应链条等多方面具有无可取代的作用，但是，这并不意味着对此类组织进行单纯的政策扶持即可实现相应目标，而是应当同时建立审慎的监管体制，防止合作社“变异”。具体来说，《农民专业合作社法》第22条有关农民专业合作社中非农户成员的数量限制、不超过20%的附加表决权限制、第44条有关不低于60%的依照交易额分配盈余限制等制度设计，必须通过严格监管确保其能可靠实施，防止出现通过将农民虚构为合作社成员的形式规避身份限制、以出资代理的形式规避表决权和盈余比例限制等现实中存在的违法行为。

其次，从改进农业产业政策的角度来看，政府应当优化其对农民专业

---

[1] 潘劲：“中国农民专业合作社：数据背后的解读”，载《中国农村观察》2011年第10期。

[2] 潘劲：“中国农民专业合作社：数据背后的解读”，载《中国农村观察》2011年第10期。

合作社的政策优惠与扶持体系，尽量以普惠式、中立式的方式激励农民专业合作社发展。地方政府存在的对规模较大、成员较多或GDP贡献量大的合作社特殊的财政补贴、税收返还或其他优惠措施，会进一步激励各类农产品加工商、经销商和投资商通过制造“假合作社”的形式进行政策套利。如果政府对农民专业合作社的各类政策优惠或扶持均是普惠式的，不存在“嫌贫爱富”的问题，则可以显著抑制“假合作社”产生的内在动力。

最后，从优化反垄断法农业适用除外制度的角度来看，应在《反垄断法》中为“假合作社”不合理地攫取适用除外地位设置预防性规定。一方面，立法应当正面明确所谓“农村经济组织”的内涵，恰如本书第二章所述，只有当该组织能代表或反映农业生产者的利益需求，或是主要以农业生产者为成员进行联合、以解决其互助性经济需求为主要目的时，才适宜界定为享有适用除外资格的“农村经济组织”；另一方面，应当对农民专业合作社设置有关农业适用除外主体的“弹性条款”，亦即，当一类合作社仅在外观上具有合作社之“形”，但无合作社之“实”，即该组织在内部运作中严重违背《农民专业合作社法》有关非农户成员的数量限制、不超过20%的附加表决权限制、不低于60%的依照交易额分配盈余限制等制度设计时，其不再属于“农村经济组织”的范畴，反垄断主管机关有权对其开展反垄断执法。

二、农村信用合作社的反垄断法适用除外资格研究

（一）中国农村信用合作社的法律性质与演化路径

农村信用合作社实际上是“合作制金融”在农村领域的体现。所谓合作制金融，是指通过将在身份、行业、社区等具有集体利益关系的成员组织协调起来，“通过资金和信用联合的方式，将成员个人的资金化零为整、续短为长，续集闲散资金，并将这些资金转化为流通性生产资金，实现成

员之间的资金余缺调剂”。[1]这种基于互助性目的产生的合作制金融既不同于以商业银行为代表的商业性金融，又区别于以政策性银行为代表的纯公益性金融。[2]中华人民共和国建国初期便存在合作制金融，彼时习惯称其为“信用互助小组”“信用合作社”“信用社”等，改革开放后，在城乡二元结构下各自发展的城市信用合作社、农村信用合作社也曾在我国市场经济发展早期的金融体系中发挥重要作用。在1984年8月6日《国务院批转中国农业银行关于改革信用合作社管理体制的报告的通知》中，合作制金融的上述法律性质曾被明确总结为“组织上的群众性”、“管理上的民主性”和“经营上的灵活性”。

改革开放后，伴随着更加符合市场经济要求的商业银行体系的发展与成熟，合作制金融在实践中的发展空间开始受到挤压，其在整体金融体系中的作用也日渐边缘化。在这一过程中，我国的农村信用合作社经历了数次改革，其机构性质也日渐从纯粹的合作制金融向股份合作制金融演化，并最终改造为完全与商业金融组织无异的农村商业银行。这一演化过程基本以2003年为界，在此之前，农村信用合作社的改革趋势是恢复和夯实其组织上的群众性、管理上的民主性和经营上的灵活性，但改革并不成功；[3]而在2003年之后，根据国务院出台的《深化农村信用社改革试点方

---

[1] 姜庆丹:《金融发展权视角下农村合作金融法制创新研究》，法律出版社2016年版，第62页。

[2] 段宏磊:“供给侧改革视野下我国农村合作金融的法制改进”，载《山西农业大学学报（社会科学版）》2018年第2期。

[3] 在1996年以前，依照当时我国的银行业监管体制，农村信用合作社隶属中国农业银行管理，中国农业银行曾致力于农村信用社的改革，但在当时，四大国有商业银行均未完成现代公司制改革，信用合作社与中国农业银行仍然保持着极强的行政隶属性关系，这种控制机制与合作制金融的群众性、互助性是不相符合的，最后导致改革不了了之。1996年以后，农村信用合作社由中国人民银行主管，中国人民银行简单地按照商业银行的标准监管农村信用合作社，没有充分考虑和尊重其作为合作制金融的性质，使合作社的民主性受到影响，过分激进的“增资扩股”改革又令社员人数过分增多，以“搭便车”的心态等待分红的心理被强化，社员身份名不副实。从这一阶段开始，陆续有农村信用合作社改制为农村商业银行的成功案例出现。有关此问题进一步的分析，参见姜庆丹:《金融发展权视角下农村合作金融法制创新研究》，法律出版社2016年版，第74—75页。

案》(国发〔2003〕15号),农村信用合作社进入“分流”化改革,即“按照因地制宜、分类指导原则,积极探索和分类实施股份制、股份合作制、合作制等各种产权制度,建立与各地经济发展、管理水平相适应的组织形式和运行机制”。

依照2003年的“分流”化改革方案,各地区的农村信用合作社依照具体情形的不同,将选择以下三者之一的模式进行分流改革。[1]第一种为纯粹的合作制,即继续夯实其组织上的群众性、管理上的民主性和经营上的灵活性,令农村信用合作社向纯粹的合作制金融发展。第二种为股份制,即对农村信用合作社依照股份制和现代公司治理结构进行改革,将其改组为农村商业银行,成为商业银行体系的组成部分。第三种则较为特殊,它是上述两类形态的中间状态,是一种“股份合作制”,在该种形态下,合作制与股份制共存,分设“资格股”与“投资股”:每位成员的资格股投资数量相等,依照合作制原则享有同等表决权;而投资数量更高的成员则特设投资股,依照股份制原则享有更高比例的分红,有时还享有附加表决权。[2]

但在改革过程中,由于我国实践中运作的农村信用合作社长期存在产权不明、政社不分的情况,再加上发达的商业银行体系对合作制金融业务的侵袭,导致上述第一种、第三种改革均不成功,农村合作金融开始发生“异化”。[3]2010年,银监会出台《中国银监会关于加快推进农村合作金融机构股权改造的指导意见》(银监发〔2010〕92号),其中明确指出应“全面取消资格股,加快推进股份制改造;稳步提升法人股比例,优化股权结构;有效规范股权管理,健全流转机制,用五年左右时间将农村合作金融

[1] 段宏磊:“供给侧改革视野下我国农村合作金融的法制改进”,载《山西农业大学学报(社会科学版)》2018年第2期。

[2] 姜庆丹:《金融发展权视角下农村合作金融法制创新研究》,法律出版社2016年版,第163-165页。

[3] 盛学军、于朝印:“中国农村合作金融异化语境下的法律制度重构”,见岳彩申主编:《中国农村金融法制创新研究》,群众出版社2011年版。

机构总体改制为产权关系明晰、股权结构合理、公司治理完善的股份制金融企业，为建立现代农村金融制度奠定良好基础”。至此，农村信用合作社整体进入股份制改革阶段，并最终导致其合作经济组织的本源性质偃旗息鼓，被农村商业银行体系所“淹没”。

如今，中国全部农村信用合作社均完成了向农村商业银行的改革，部分依然保持“农村信用社”“农村信用合作社”“农村合作银行”等叫法的机构，也已完全不具备农村合作金融的实质，其内部组织结构和运行规则也与农村商业银行无异。事实上，我国城市信用合作社向城市商业银行的改革也经历了类似的发展过程。[1]目前，不论是城市还是农村，我国已经不存在真正意义上的合作制金融组织。

（二）农村信用合作社的反垄断法适用除外资格思辨

如前文所述，我国农村信用合作社经历了多个阶段的改革和演化，如今已经完全完成了向农村商业银行体系的转变。在这一背景下，对农村信用合作社是否具有反垄断法适用除外资格的分析，应当分阶段进行辩证地分析。

1. 农村信用合作社的过去：视具体情况界定其是否具有适用除外资格

伴随着我国改革开放的进程，我国的农村信用合作社经历了多次改革，其法律性质在不同阶段、不同地区和不同改革背景下具有较大差别，无法全部纳入反垄断法适用除外的范畴。整体而言，如果农村信用合作社是“名副其实”的，即其内部组织结构和运行规范符合纯粹的合作制金融的要求，则该类机构实际上属于典型的农村合作经济组织，应当享有反垄断法适用除外资格；而如果该农村信用合作社“名不副实”，并不以解决

---

[1] 刘大洪、邱隽思：“我国合作经济组织的发展困境与立法反思”，载《现代法学》2019 年第 4 期。

农民之间的互助性金融需求为目的，或在实际运营过程中，由于股份制改革带来的资合性远高于其人合性，则不应当将其纳入反垄断法适用除外范围。

2. 农村信用合作社的现在：不具备适用除外资格

中国全部农村信用合作社已经完成了向农村商业银行的改革，不存在真正意义上的农村信用合作社。部分地区的部分机构虽然仍保持“农村信用社”、“农村信用合作社”或“农村合作银行”的叫法，但也已完全不具备农村合作金融的实质，其内部组织结构和运行规则也与农村商业银行无异。从这个角度来看，中国当前的所有“农村信用合作社”或曰“农村商业银行”，均不符合《反垄断法》第69条的“农村经济组织”的内涵，不应当享有反垄断法适用除外主体资格。

3. 农村信用合作社的未来：反垄断法适用除外资格的改造和重塑

从目前的发展趋势来看，中国农村信用合作社将迎来消亡，即完全由商业银行体系取代合作制金融。但笔者认为，从促进农业产业发展、解决农民互助性信贷需求的角度而言，农村信用合作社不应完全消亡，而是应当通过制度改进的形式，令其“重生”。这主要是因为，即便我国已经建立系统的农村商业银行体系，但依然难以解决农村的全部信贷需求，而必须适度依靠农村合作制金融发挥一定的补充性作用。在现代市场经济背景下，代表现代金融体制的商业银行体系必然在解决各类信贷需求中发挥主要作用，这是毋庸置疑的。但是，成熟的商业银行业务对客户的征信能力要求较高，更强调金融安全和风险管理，其日常业务要符合有关资本充足率的严格要求。[1] 在这种经营体制下，作为弱势群体的农民并不属于商业银行的理想客户群，从满足农民信贷需求的角度来看，现代银行体系对其存在一定的“金融排斥”。[2] 在这一背景下，农村合作制金融的存在既能一

---

[1] 周仲飞：“资本充足率：一个被神化了的银行法制度”，载《法商研究》2009年第3期。

[2] 董晓林、徐虹：“我国农村金融排斥影响因素的实证分析——基于县域金融机构网点分布的视角”，载《金融研究》2012年第9期。

定程度上添补商业银行体系的功能不足，从而促进“将信用社成员个人的资金化零为整、续短为长、调剂余缺，最终将这些资金转化为流通性生产资金，解决其实际的融资需求”。[1]

目前，我国虽然已经完成了从农村信用合作社向农村商业银行的改革，但这仅仅意味着，从计划经济时代遗留下来的、由政府组织和干预成立的农村信用合作社体制不复存在，但如果农民集体在满足农业生产经营活动互助性金融需求的驱动下，通过自发组建的形式成立信用合作社，则基于发挥合作制金融功能的考虑，仍有必要为其保留制度空间。事实上，从法律性质和行为规范的角度来看，农村信用合作社与农民专业合作社并无本质区别，二者均符合农村合作经济组织有关民主性、互助性、人合性的要求，只不过，后者解决的是有关农业生产、加工、储存、运输、销售等活动中的互助性经济需求，前者解决的则是农业的互助性信贷需求。从这个角度来看，笔者建议在未来将农村信用合作社吸纳为《农民专业合作社法》的调整对象之一，实现农村信用合作社的“重生”。申言之，应适度扩大《农民专业合作社法》中农民专业合作社的定义，将解决农业互助性信贷需求的农村信用合作社作为一类特殊的农民专业合作社进行调整，其基本规则除适用《农民专业合作社法》的基本规定外，还可设立专章对农村信用合作社进行单独专门规定，银监会也可基于金融业监管的特殊考虑，对农村信用合作社设置单独的监管性规定。这便可以在如今的农村商业银行体系之外，另行建立起农村的合作制金融体系，由各地区农民根据其具体需求选择是否成立农村信用合作社。而关于农村信用合作社是否享有反垄断法适用除外资格的问题，则可直接参照前文有关农民专业合作社的标准进行界定，亦即，只要其内部组织规范符合农村合作经济组织的性质界定，不存在“假合作社”的问题，即应当享有反垄断法适用除外主体资格。

---

[1] 段宏磊：“供给侧改革视野下我国农村合作金融的法制改进”，载《山西农业大学学报（社会科学版）》2018 年第 2 期。

三、农村供销合作社的反垄断法适用除外资格研究

中国的供销合作社系统脱胎于计划经济时代的国营商贸零售系统，改革开放以后，面对市场经济体制的挑战，供销合作社几经改革，但一直未完全取消。如今，中国的供销合作社实际上是由机关法人、企业法人与合作制法人共存的一种复杂的混合形态。根据 2015 年《中共中央　国务院关于深化供销合作社综合改革的决定》，供销合作社改革的目标是“到 2020 年，把供销合作社系统打造成为与农民联结更紧密、为农服务功能更完备、市场化运行更高效的合作经济组织体系，成为服务农民生产生活的生力军和综合平台，成为党和政府密切联系农民群众的桥梁纽带，切实在农业现代化建设中更好地发挥作用”。由此可见，在官方政策文件中，我国的供销合作社体系的法律性质依然被界定为“合作经济组织”，但笔者认为，起码从目前我国供销合作社的现状来看，其与具备典型的互益性、民主性和人合性的合作经济组织仍有较大差距，并不属于农业生产者的联合组织之性质。

总体而言，我国的供销合作社可以简单划分为以下两个体系。

第一个体系是自上而下、依照垂直行政系统设立的基层供销合作社、县级联合社、地市级联合社、省级联合社与中华全国供销合作总社。这一类系统本质上是计划经济时代国营商贸零售系统的残留，它实际上是一类机关法人。但是，在基层农村运作的供销合作社仍然一定程度上保留了合作经济组织的性质，呈现一种合作制法人与机关法人复杂的混合状态，在实际运作过程中，虽然作为合作社成员的农民能发挥一定的主观作用，但政府干预程度极强，很难说完全符合农村合作经济组织的法律性质。

第二个体系是由各基层合作社、地方联合社、全国总社开办的各类经济组织。这些经济组织的具体形态各不相同，有可能表现为乡镇企业、乡村集体所有制企业、一般集体所有制企业，有时候也会开办农民专业合作

社，伴随着市场经济改革的成熟，由各级合作社或联合社直接成立的公司制企业也在逐渐增多。[1]与市场上的普通企业相比，这类经济组织受到供销合作社的较多干预和扶持，同时兼任一定的营利性职能与公益性职能。

上述分析表明，尽管供销合作社在形式上带有“合作社”一词，但其实际法律性质与前文所说的农民专业合作社、农村信用合作社具有较大不同，很难真正归类为农村合作经济组织的范畴。基层的农村供销合作社虽然保留了一定程度的合作制特点，但政府干预的色彩仍然极为浓郁，本质上是计划经济残余体制和行政管理权力在农村基层的延伸，不适宜将其归为《反垄断法》第69条的所谓“农村经济组织”的范畴，不应具有反垄断法适用除外主体资格。当然，由供销合作社及其联合社开办的其他农村经济组织，如乡镇企业、农业企业、乡村集体所有制企业、农民专业合作社等，在符合农业生产者联合组织内涵的前提下，则显然应当享有反垄断法适用除外主体资格。在未来，如果我国的供销合作社体系在《中共中央　国务院关于深化供销合作社综合改革的决定》的指导下，完成了向真正意义上的合作经济组织的改革，此时，对其是否属于反垄断法适用除外主体的分析，则可直接参照前文有关农民专业合作社的相关规定进行判断。

第三节　特殊农业市场主体的反垄断法适用除外资格分析（二）：农业行业协会

一、农业行业协会的基本界定及对市场竞争的影响

行业协会又称同业公会、同业经济组织、行业组织等，通常认为，它是由相同或相近似的同业经营者组成，旨在促进、提高或解决本行业内有

[1] 孙晓红:《合作社立法模式问题研究》，知识产权出版社2012年版，第134-138页。

关生产、销售、雇佣等方面普遍性共同需求的非营利社会组织。[1]依照最典型的行业协会的概念，其会员是彼此之间具有竞争关系的同业经营者，但在实践中，行业协会的组织方式更为多样或复杂，不同行业的经营者可能会基于共同利益的需求，组成各类会员成分复杂的所谓“行业协会”。依照中国行业协会的发展现状，常见的行业协会组织形式有以下几种：第一种即是最典型的由同业经营者组成行业协会的情形，即会员之间处于同一相关市场，具有横向竞争关系；第二种则是由具有纵向协作关系或竞争关系的经营者组成行业协会的情形，即会员之间处于同一类商品或服务纵向链条的不同阶段，彼此之间属于交易相对人关系，如一方是另一方的供货方、零售商，等等；第三种则是基于一些非同业的共同关系组成的商会、联合会等，会员之间并不必然处于同一相关市场，甚至完全不存在竞争关系，但会员之间多具备共同的情感纽带，如籍贯相同、企业注册地相同、具有共同的母校，等等，此类所谓“行业协会”严格来说已经超出了其作为同业经营者组织的性质，但在实践中广泛存在，已经被默认为行业协会的一类典型生态。[2]

鉴于我国行业协会的上述各类复杂形态，在行业协会监管与反垄断执法实践中，倾向于以宽泛的形式界定行业协会的概念，并不严格要求其会员必须属于同业经营者。在国家发改委于 2017 年公布的《行业协会价格行为指南》中，第 1 条第 1 款对行业协会进行了概念界定：行业协会一般是指由同业经济组织和个人组成，实行行业服务和自律管理，在县级以上人民政府社团登记管理机关依法登记的社团法人。与此同时，该条第 2 款又明确规定：“以‘学会’、‘商会’、‘同业公会’、‘联合会’、‘促进会’、

---

[1] Joseph F. Bradley. *The Role of Trade Association and Professional Business Society*, University Park Pennsylvania, 1965: 4.

[2] 现实中，这类行业协会常以“商会”自称，比如“武汉汉川商会”就是由汉川籍在武汉依法注册登记的企业及其他经济组织人士组成，商会成员的经营业务涉及服装、面料、钢铁、医药食品、餐饮休闲、物流运输、金融投资、房地产开发各个方面，绝非同业经营者。详见武汉汉川商会网站：http://www.whhcsh.cn/about.html，2020 年 2 月 1 日最后访问。

‘联盟’等名称命名，符合上述定义的社团法人，属于本指南所称的行业协会。”在2019年国家市场监督管理总局公布的《禁止垄断协议暂行规定》中也采用了类似的逻辑，第14条第2款将行业协会的概念界定为：由同行业经济组织和个人组成的，行使行业服务和自律管理职能的各种协会、学会、商会、联合会、促进会等社会团体法人。

我国的行业协会并不存在一个官方的分类标准，因此，并不存在一类经法律或其他规范性文件确定的名为“农业行业协会”的法律主体。平时我们谈及农业行业协会时，实际上仅指代该行业协会的成员主要从事与农业生产经营活动相关的业务，基于此，可以将农业行业协会的概念粗略地理解为：由从事某类农产品生产、加工、销售、储存、运输等经济活动的农户或企业组成的，行使行业服务与自律管理职能的非营利社会团体法人。[1]现实中，中国的农业行业协会成员身份复杂，虽存在主要由农业生产者、农业企业、农民专业合作社等作为会员组成的行业协会，但在很多情况下，各类农产品流通商也会组建各类农业行业协会。会员身份的复杂性使农业行业协会的反垄断法适用除外主体资格难以一概而论：当农业行业协会主要反映农产品流通商的利益需求时，它就不太适合赋予适用除外主体资格。

“同行的经营者们很少聚到一起，即使为了行乐和消遣，其谈话也是以共谋损害大众或者以某种阴谋诡计抬高价格而告终。”[2]现代经济学之父亚当·斯密的上述名言可以有效地概括行业协会在限制竞争行为规制中的重要性。整体而言，行业协会对市场竞争的作用具有明显的两面性。一方面，行业协会通过发挥同业经营者的协调和自治作用，能够有效地在提高产品质量标准、促进技术研发、开拓销售渠道等方面发挥积极作用，这一系列自治性效果是有利于竞争的，尤其是对于市场规模较小的经营者成

---

[1] 李瑞芬：“国内外农业行业协会发展的比较与启示”，载《世界农业》2008年第2期。

[2] ［英］亚当·斯密：《国民财富的性质和原因的研究（上卷）》，商务印书馆1981年版，第212—213页。

员，在这种协调活动中更能明显受利，从而有助于促进市场有效竞争。[1]另一方面，行业协会又为同业经营者对各类市场要素信息的交流提供了天然的场所，这些信息交流活动有可能为同业经营者缔结垄断协议提供了便利条件；[2]而在缔结垄断协议后，借助行业协会这一场合，又能为监督经营者履行垄断协议所要求的义务提供便利，甚至在有些情况下，行业协会会对未依约定履行垄断协议的经营者进行“处罚”。基于行业协会的这一特性，我国《反垄断法》在第二章“垄断协议”第21条中明确规定：“行业协会不得组织本行业的经营者从事本章禁止的垄断行为。”

农业行业协会对市场竞争的影响承继了上述一般行业协会的特征。一方面，通过农业行业协会的同业自治和协调作用，可以有效地促进农业生产经营活动中的行业自律与互助，促进解决农产品生产经营活动中的质量保障、技术升级、稳定供应、食品安全等问题，这是农业行业协会的积极作用；另一方面，农业行业协会也会对促成和实施经营者之间的垄断协议提供便利条件，这就有可能导致限制竞争。实践中，中国的农业行业协会甚至会直接在章程或其他协议文件中，对许多或明确或隐含的限制竞争行为进行规定，如规定协会有职责“促进横向联合”“协调同行价格”“杜绝价格恶性竞争”，等等，其必然对市场竞争造成一定的负面影响。[3]

---

[1] OECD. Trade Associations，DAF/COMP（2007）45，Executive Summary.

[2] 鲁篱：《行业协会限制竞争法律规制研究》，北京大学出版社2009年版，第87页。

[3] 比如，《河源市林业产业协会章程》第2章第6条有：“本协会的主要业务范围是协调行业内部及行业之间的经济技术合作，促进横向联合；制定并监督执行行规行约，建立行业自律机制，规范行业行为，协调同行价格……”的规定；《河北省河豚鱼业协会章程》第6条有“协调发展数量、销售价格”的规定；重庆市永川区双竹镇渔业协会具有“对内实行严格管理，统一销售价格，统一质量标准，统一服务方式，杜绝同行恶性竞争”的职能；等等。有关中国农业行业协会章程和其他协会文件中此类规定的实证研究，详见吴太轩、叶明：“论农业行业协会的反垄断法适用”，见李昌麒、岳彩申主编：《经济法论坛（第8卷）》，群众出版社2011年版。

二、农业行业协会的反垄断法适用除外资格思辨

从全球立法状况来看，美国、日本、韩国均主要倾向于赋予农业生产者及其联合组织适用除外地位，此处的“联合组织”主要是指各类农村合作经济组织，而未明文包含所谓农业行业协会；但在欧盟，根据《关于农产品生产与贸易领域适用特定竞争规则的26号法规》的规定，“农业生产者及其协会”实施的限制竞争行为，是被明文赋予反垄断法适用除外资格的。[1]但是，此处的农业生产者协会与我国的各类农业行业协会并不能完全等同，在欧盟，农业生产者协会的成员几乎尽数属于真实从事农业生产的经营者，而在我国，农业行业协会的会员身份复杂多样，组织形态和具体职能也存在较大差别。

在我国农业行业协会的会员身份复杂多样的情况下，农业行业协会并不必然是“农业生产者行业协会”，而有可能同类农产品的生产者、农业企业、经销商等各类组织复杂的联合形态。另外，在我国，基于特殊的转轨经济特征，政府职能转变尚未完成，市场经济领域中的同业自治也并不发达，行业协会仍然具有很强的行政管理色彩，很多区域都呈现“一区一会、一行一会”的特征，即一个行政辖区、一个相关市场通常只有一个与之相对应的行业协会。[2]在这种背景下，我国的很多所谓农业行业协会，多半是围绕一类农产品，由生产、批发、零售各阶段经营者共同参与的混

---

[1] Arie Reich. “The Agricultural Exemption in Antitrust Law: A Comparative Look at the Political Economy of Market Regulation” . *Texas International Law Journal*, VOL. 42.

[2] 赵静：“我国行业协会法律地位探析”，见顾功耘、罗培新主编：《经济法前沿问题（2008）》，北京大学出版社2009年版。

合型行业协会。[1]此时，农业行业协会缔结的协议、作出的决定等，就不必然是农业生产者集体利益的体现，而应当视情况而定：如果农业行业协会的协议或决定是由农业生产者和下游农产品经销商共同参与制定的，它并不反映农业生产者的集体利益需求，那么依照反垄断法应主要赋予上游经营者适用除外地位的原理，此类行为不影响有适用除外资格；反之，如果农业行业协会的决议或决定反映的是农业生产者及其联合组织的集体意志，则应当享有适用除外资格。

值得注意的是，在反垄断法中，行业协会并非一类独立的市场主体，它多数情况下其实是经营者意志的延伸，反垄断法之所以对行业协会限制竞争行为进行规制，是因为行业协会是便利经营者缔结垄断协议的天然温床。在行业协会限制竞争行为的规制中，对行业协会的处罚其实远不如对参与协议的经营者的查处重要。这是因为，一起垄断协议案件真正的实施主体永远是经营者本身，即使垄断协议是通过行业协会组织的形式达成的，行业协会在这当中的作用也通常仅仅是提供了一个达成合议的场合或便捷条件，它永远不是缔结垄断协议的直接法律主体。[2]现实中，行业协会在一个垄断协议中所发挥的作用各有不同，有的时候，行业协会本身是直接参与者，甚至是领导者；但有的时候，行业协会仅仅为垄断协议的缔结提供了场合或便利条件。

基于上述逻辑，笔者认为，对于农业行业协会是否具有反垄断法适用

---

[1] 比如“上海市果品行业协会”，该协会就是上海市从事果品生产、销售、批发等各链条经营者的一种共同联合组织，不仅包含同时从事水果种植和销售的农业生产者、农业企业，更包括各类果品批发商、零售商。该协会是“由果品行业中的国有、集体、民营、合资、外资、乡镇等多种所有制形式企业组成，不受系统部门、地区限制的自愿组合”，“本协会的会员均为团体会员，凡在本市取得工商执照的具备独立法人资格的果业企业及与本行业有关联的企业、科研院所，外省市驻沪从事果业经营企业，社会经济团体等均可申请入会，并有法人或法人委托的代表参加成为会员”。详见上海市果品行业协会主页：http：//www.shfruit.cn/article/intro，2020 年 2 月 1 日最后访问。

[2] 梁上上：“我国行业协会限制竞争行为规制路径的反思与重构”，载《法学研究》1998 年第 4 期。

除外主体地位的判定，应当根据其在垄断协议中发挥作用的不同、参与缔结垄断协议的同业经营者性质的不同而有所差别。整体而言，农业行业协会的反垄断法适用除外地位根据以下两种情形的差别进行分别判定。

第一种情形是，农业行业协会是垄断协议的直接制定者，即农业行业协会作为经营者自治的平台，通过单方面制定章程、规定、决议、通知、自治规则等的形式，将本协会内同业经营者的集体意志予以体现，制定和实施了垄断协议。这种情形符合最典型的行业协会限制竞争行为的情形。[1]我国也曾发生过与此情形基本相符的民事诉讼或行政执法案件。在该案中，北京市水产批发行业协会通过制定《北京市水产批发行业协会手册》实施垄断协议。手册中规定了“禁止会员向本协会会员所在的市场向非会员销售整件扇贝”“禁止会员不正当竞争，不按协会规定的销售价格折价销售扇贝”等内容，并多次组织协会会员调整、固定和提高獐子岛扇贝价格，进而提高销售利润、限制会员间的价格竞争。原告娄某某原属该北京市水产批发行业协会成员，后退出该协会，进而导致其无法获得獐子岛扇贝供货渠道。娄某某起诉认为水产批发协会的上述行为侵害其合法权益，该案一审、二审法院均认为北京市水产批发协会的行为构成横向垄断协议，判决行业协会手册的相关内容无效，并停止违法行为。但是，原告所主张的772 512元经济损害赔偿，法院没有支持。在该案中，法院并未将农产品流通商实施的垄断协议纳入反垄断法适用除外的范畴，而是正常适用了《反垄断法》有关垄断协议规制和禁止行业协会限制竞争的相关规定。[2]在执法方面，2010年的河南省中牟县冷藏保鲜协会统一大蒜冷藏收费标准案即是此类。2010年3月16日，河南省中牟县冷藏保鲜协会下发协会文件，将全县大蒜冷藏收费标准统一为每吨260 ~ 320元，并规定不

---

[1] 徐士英：“行业协会限制竞争行为的法律调整——解读《反垄断法》对行业协会的规制”，载《法学》2007年第12期。

[2] 参见北京市第二中级人民法院（2013）二中民初字第02269号民事判决书，北京市高级人民法院（2013）高民终字第4325号民事判决书。

准私自降价，私自降价者除不再享受协会会员的优惠条件外，还将处以重罚。河南中牟县冷藏保鲜协会最终受到罚款 8 万元的行政处罚。[1]

在此种情形中，农业行业协会以自己的名义出台了单方面的章程、决定或决议，表面上看起来，这是一个单方行为，但由于农业行业协会是相关农产品经营活动市场主体的自治平台，协会的规定本质上是会员经营者集体意志的体现，这实际上是会员经营者以农业行业协会规定的名义实施的垄断协议。此时，只有该协会的会员经营者全部属于农业生产者或其联合组织，或虽然有较少数量的农产品流通商参与协会，但有证据证明农业生产者及其联合组织在协会的日常运作中起控制作用的，农业行业协会方具有反垄断法适用除外资格。否则，此时的农业行业协会并不符合农业上游经营者意志的要求，其章程、决定或决议并不利于提高农业生产者的议价能力和经济地位，不符合赋予反垄断法农业适用除外主体资格的基本原理。

第二种情形是，农业行业协会并不是制定垄断协议的直接主体，而仅仅是垄断协议的间接辅助者，协会内部的部分或全部成员利用行业协会的场合和便利条件缔结垄断协议，或通过行业协会对各位经营者是否实施垄断协议开展有效的“监督”。比如，某农业行业协会在其日常活动中会进行有关农产品质量、数量、价格等生产要素的定期沟通交流，该交流活动仅为推动行业自律和技术交流，并不以缔结垄断协议为目的。但由于信息交流的内容十分充实、全面，个别成员借助农业行业协会的此项职能，在内部之间十分便捷地达成了横向垄断协议；而且，借助这一定期的信息交流，缔结垄断协议的经营者还得以在后续过程中对违背协议的经营者进行有效地识别、监督和处罚，农业行业协会成为滋生垄断协议的温床。此类情形在美国的农产品销售中即发生过典型案例，1921 年的硬木行业协会垄断价格案即属此类。在该案中，365 个硬木制造商的合计产量占全美硬木

[1] “国家发展改革委、商务部、国家工商总局有关负责人就加强农产品市场监管工作答记者问”，载 http://www.ndrc.gov.cn/zcfb/jd/201007/t20100701_503265.html，2020 年 2 月 1 日最后访问。

生产量的1/3，通过硬木制造商行业协会的“公开竞争计划”，所有协会成员需要每天向协会提供报告说明每日销量、价格、客户信息；每月提供报告说明价目表、月产量、存货信息。这一系列密切的信息交流被认为变相促进经营者缔结了垄断协议，最终被判违法。[1]

在上述情形中，参与缔结垄断协议的经营者并不必然是农业行业协会的全部成员，而有可能仅仅是一部分成员；协会本身也未作为独立的主体出台具有垄断协议性质的规定，它本质上仅仅为垄断协议的缔结提供了一个场合，难以界定为垄断协议的直接参加者。针对此种情形是否享有反垄断法适用除外主体资格的问题，笔者认为，此时没有必要再拘泥于农业行业协会自身的法律性质，而是直接根据参与缔结垄断协议的经营者是否全部属于适格主体进行判定——如果缔结垄断协议的会员经营者全部属于上游农业生产者及其联合组织，则得以适用除外；否则，只要参与缔结协议的会员经营者存在不适格主体，如农产品流通渠道的经销商等，则不享有适用除外资格。

本章小结

本章以中国反垄断法农业适用除外制度的主体要件为研究对象，本章认为，中国反垄断法农业适用除外制度的主体要件适宜被确定为“农业生产者及其联合组织”。具体来说，针对中国实践中十余类涉农类法律主体，其反垄断法适用除外主体资格应主要依据以下规则予以判定。

首先，作为自然人的农业生产者显然属于反垄断法适用除外制度的适格主体；而由农民组成，以解决农业生产者集体需求或农村其他公共利益需求为主要职能的公共组织，包括农村集体经济组织、村民小组和农村基

[1] American Column & Lumber Co. v. United States, 257 U.S. 377 (1921).

层群众性自治组织，均属于农业生产者联合组织的范畴，享有适用除外主体资格；而主要由农业生产者或农村经济组织组成或投资设立的，以农业生产经营活动为主要业务，同时在落实国家农业产业政策方面具有一定公共职能的乡镇企业和乡村集体所有制企业，亦属于农业生产者联合组织，享有反垄断法适用除外资格。

其次，依托于土地公有制的国有农场不应当享有反垄断法适用除外资格；另外，关于一些名称中带“农”，基本经营业务又与国家落实农业产业政策存在一定的相关性，但属于由国家经营或社会资本经营，其组成人员、资本来源或主干业务与农业生产者不直接相关的经济组织，包括中国农业发展银行、中国农业银行、农村商业银行、村镇银行等，也均不属于反垄断法适用除外的适格主体。

再次，关于农村合作经济组织，其是否属于反垄断法适用除外的适格主体，需要具体情况具体分析。对于农民专业合作社，其原则上应享有适用除外主体资格，但对于实践中由农产品流通商或其他社会资本控制的“假合作社”，则应排除在主体要件之外。对于农村信用合作社，在进行农村商业银行体制改革前，部分合作社符合合作制金融的实质，理应享有适用除外资格；在进行农村商业银行体制改革后，已不具备农村合作经济组织的实质，不应赋予其适用除外资格。对于农村供销合作社，它目前本质上是计划经济残余体制和行政管理权力在农村基层的延伸，不应当享有反垄断法适用除外主体资格。

最后，关于农业行业协会，其是否属于反垄断法适用除外的适格主体，亦需要具体情况具体分析。如果农业行业协会是垄断协议的直接制定者，则只有该协会的会员经营者全部属于农业生产者及其联合组织，或虽然有较少数量的农产品流通商参与协会，但有证据证明农业生产者及其联合组织在协会的日常运作中起控制作用的，农业行业协会方具有反垄断法适用除外资格。如果协会本身未制定垄断协议，而是由协会内部的全部或部分会员经营者利用协会提供的便利条件缔结协议，则当这些会员经营者全部属于农业生产者及其联合组织时，才享有适用除外主体资格。

表 3–1 可以使读者对我国目前十余类涉农类法律主体是否享有反垄断法适用除外主体资格的问题得到整体性的直观了解。

表 3–1 我国反垄断法农业适用除外制度主体要件的类型化界定

法律性质	主体名称	是否属于适格主体
直接从事种植业、林业、畜牧业、渔业等生产或农产品初加工的自然人	农业生产者	是
由农民组成，以解决农业生产者集体需求或农村其他公共利益需求为主要职能的公共组织	农村集体经济组织	是
	村民小组	
	农村群众性自治组织（村民委员会）	
主要由农业生产者或农村经济组织组成或投资设立的，以农业生产经营活动为主要业务，同时在落实国家农业产业政策方面具有一定公共职能的经济组织	乡镇企业	是
	乡村集体所有制企业	
依托于土地公有制从事农业生产经营活动的经济组织	国有农场	否
名称中带“农”，基本经营业务又与国家落实农业产业政策存在一定的相关性，但属于由国家经营或社会资本经营，其组成人员、资本来源或主干业务与农业生产者不直接相关的经济组织	中国农业发展银行	否
	中国农业银行	
	农村商业银行	
	村镇银行	
由农业生产者及其联合组织作为主要成员组成的农村合作经济组织，组织在运行上具有满足农业生产者互助性经济需求的功能，但同时有一定程度受到农产品流通商、其他社会资本乃至政府干预和影响的经济组织	农民专业合作社	是，但排除“假合作社”
	农村信用合作社（农村信用社、农村合作银行）	否，但历史上曾存在适格主体
	农村供销合作社	否，但未来有可能改革为适格主体
从事某类农产品生产、加工、销售、储存、运输等经济活动的经营者组成的，行使行业服务与自律管理职能的非营利社会团体	农业行业协会	视情况而定，当协会决议能反映农业生产者及其联合组织意志时，属于适格主体

第四章　中国反垄断法农业适用除外制度的行为要件研究

即使实施限制竞争行为的是本书第三章所界定的适格主体，也并不必然一定享有反垄断法适用除外资格，还必须符合行为要件的基本要求。本章即着重研究中国反垄断法农业适用除外制度的行为要件问题，探讨其立法现状、基本内涵及具体类型；除此之外，本章将回应一些特殊的农业市场行为如何界定其适用除外地位的疑难问题，这主要是指农产品价格卡特尔和农产品流通领域中的纵向限制协议两类。

第一节　中国反垄断法农业适用除外制度行为要件的基本界定

一、垄断协议：中国反垄断法农业适用除外制度的唯一适格行为

通过本书第一章、第二章的相关论述可知，在反垄断法农业适用除外制度的行为要件中，垄断协议应当是唯一适格行为，其他限制竞争行为均不能享有反垄断法适用除外地位。在我国，反垄断法农业适用除外制度的主体要件被界定为“农产品生产、加工、销售、运输、储存等经营活动中实施的联合或者协同行为”，尽管“联合或者协同行为”的基本内涵存在

一定的不清晰性，但在本书第二章第二节对《反垄断法》第 69 条的法律解释中亦可显见，“联合或者协同行为”本质上是《反垄断法》第 16 条界定垄断协议概念时“协议、决定或者其他协同行为”的同义词。

之所以将垄断协议作为唯一适格行为，是因为其他几类限制竞争行为均不符合反垄断法农业适用除外制度的设立目的。对经营者滥用市场支配地位的行为来说，此类行为是一个已经具有一定垄断地位的经营者实施的单一行为，而反垄断法农业适用除外制度的立法意图在于鼓励农业生产者之间适度达成协议或一致行动，从而适度扭转其弱势地位。滥用市场支配地位行为本身即意味着该主体在相关市场上具备一定的控制地位，赋予其适用除外地位不符合反垄断法农业适用除外制度设计的初衷。至于经营者集中，它本身是一种程序式、预防式的“结构性规制”，而反垄断法农业适用除外制度则是针对特定主体的特定行为所设置的制度，经营者集中不符合适用除外制度设置的本意。

除此之外，当在中国谈及限制竞争行为时，除垄断协议、滥用市场支配地位和经营者集中三类“经济性垄断”问题之外，还包含行政性垄断，即《反垄断法》第五章规定的滥用行政权力排除、限制竞争行为。实践中，对农业市场具有一定公共管理职能的行政主体针对农产品生产、加工、储存、运输、批发或零售等领域的管理行为亦可能导致排除、限制竞争效果。在农业领域，基于农产品所具备的公共物品属性，为了确保社会公共利益，在农业市场的行政管理过程中，通常会在农产品的价格稳定、质量保障、食品安全、足量供应等方面的执行力度更加刚性，这便更有可能因为公共管理职责“用力过猛”而产生一定的排除、限制竞争效果，这在国内外均有现实例证。[1]此类农业领域的行政性垄断现象显然不属于反垄断法适用除外范围，因为其实施主体显然无法归类于“农业生产者”或“农村经济组织”的范畴。但是，实事求是地说，农业领域的行政性垄断虽明显不具有反垄断法适用除外地位，但与一般的限制竞争行为相比，此类行为又在反垄断执法中具有明显的特殊性。一方面，此类行为基于行使特定的行政权力而产生，公权力在公共管理方面天然的正当性使其对市场竞争的限制效果更容易受到忽视，难以唤起正当的反垄断执法；另一方面，此类行为又是由行政主体所实施的，这意味着针对此类行为的执法力度必然受到基本行政体制的钳制，它难以像针对经营者的一般限制竞争行为一样“令行禁止”。因此，“反垄断法在反行政垄断方面只能起到有限的作用”。[2]与农业市场的一般限制竞争行为相比，农业领域的行政性垄断有更高的概率难以得到有效的识别、调查和制止，从而一定程度游离在《反垄断法》的威慑范畴之外。

综上所述，在排除了滥用市场支配地位、经营者集中以及行政性垄断的适用除外地位之后，垄断协议是我国反垄断法农业适用除外制度的唯一适格行为。这一界定也与国外若干代表性国家和地区反垄断法农业适用除外制度的行为要件相一致。

---

[1] 在国内，对于农业生产过程中所必需的化肥，就有县政府专门发布过封锁性文件，规定“为了保护本县化肥生产，禁止任何单位和个人（包括供销合作社系统）从外地购进碳铵，违者除没收商品和非法所得外，还要按有关法规予以重处，并追究乡镇人民政府和管理部门主要领导的行政和经济责任”。参见李必达：“中国的反不正当竞争、反垄断行政执法”，载1997年12月《中国反垄断法国际研讨会》论文。转引自王晓晔：《反垄断法》，法律出版社2011年版，第288-289页。在美国，1979年新泽西州的一家牛奶牧场向纽约市政府提起诉讼，经过8年旷日持久的辩论后，终于打破了纽约市政府所制定的行政垄断规则，该牧场获得在纽约市销售牛奶的权利。在判决生效以前，纽约市的牛奶销售由当地5家牛奶生产机构垄断了超过90%的市场份额；判决生效后，牛奶价格下降了70多美分每加仑，纽约市的牛奶消费者因此而每年节省1亿美元。参见［美］G. J. 斯蒂格勒：《经济学》，姚开建等译，中国人民大学出版社1997年版，第369页。

[2] 王晓晔：《反垄断法》，法律出版社2011年版，第290页。

二、特殊垄断协议的反垄断法适用除外地位之思辨

纵览欧盟、美国、日本、韩国、以色列等国家或地区的反垄断法农业适用除外制度，垄断协议是各类立法所设定的行为要件的唯一共性。亦即，不同国家或地区在反垄断法农业适用除外制度行为要件的具体设定上均不相同，但均主要是在垄断协议的基本范围下，适度剔除部分垄断协议的适用除外地位，其他垄断协议则均属于适用除外的适格主体。[1]

在欧盟，根据《关于农产品生产与贸易领域适用特定竞争规则的26号法规》，享有反垄断法适用除外地位的垄断协议必须是由“农业生产者及其协会”缔结的，由此可见，欧盟反垄断法农业适用除外的主体要件实际上仅局限于农业生产者之间的横向垄断协议，由具有上下游竞争关系的农业生产者和流通商共同缔结的纵向垄断协议仍然受到反垄断法调整。另外，即使是农业生产者及其协会间的横向垄断协议，如果该协议涉及价格，亦不属于反垄断法适用除外的范围。[2]

在美国，早期的判例与欧盟的做法类似，即要求参与协议的任何主体均属于农业生产者联合组织，即使只有较小比例的农产品经销商或其他主协议，亦不得适用除外。[3]但晚近以来，这一标准也有所放松，20世纪80年代后的几次判例认为，如果协议仅包含少量非农业生产者，且其不享有表决权和决策权，仅参与分红，则可将其视为不构成农业联合组织的“实

[1] 有关本部分内容的进一步探讨，可参见前文第二章第一节的相关论述。

[2] Arie Reich. “The Agricultural Exemption in Antitrust Law: A Comparative Look at the Political Economy of Market Regulation”. *Texas International Law Journal*, VOL. 42.

[3] 有关此方面的知名判例可参见 United States v. Borden, 308 U.S. 188 (1939), rev’g 28 F. Supp. 177 (N.D.III, E.D.1939) 以及 Case–Swayne v. Sunkist Growers, 369 F. 2d 449, 461–463, (9th Cir.1966), rev’d, 389 U.S. 384 (1967).

质成员”，亦能获得反垄断法农业适用除外资格。[1] 另外，美国反垄断法并不排斥农产品价格垄断协议的适用除外地位。

在日本、韩国，由合作社参与缔结的垄断协议的反垄断法适用除外资格与美国类似，立法并未直接否认纵向垄断协议的适用除外地位，但在实践中，针对此类纵向垄断协议的审查力度更严格，谨防农产品经销商在缔结此类协议时对合作社意志进行侵袭。[2] 而关于合作社缔结的价格垄断协议，日本、韩国采取了与欧盟类似的做法，否定其享有适用除外地位。

在以色列，农业领域的横向和纵向垄断协议均享有反垄断法适用除外地位，但要求“协议成员均是农业生产者或批发商”。[3] 亦即，不但农业生产者与农产品批发商之间的纵向垄断协议享有适用除外资格，甚至农产品批发商之间缔结的横向垄断协议亦不适用反垄断法。但是，除了批发商之外的其他农产品流通商，如运输商、零售商等，其参与的垄断协议依然适用反垄断法。

对上述不同国家和地区反垄断法农业适用除外制度的回顾可知：在均认可将垄断协议纳入适用除外适格行为的前提下，不同国家针对一些特殊的垄断协议是否不适用反垄断法的态度，依然存在明显差别。总体而言，以下两类垄断协议在不同国家立法中的地位差别迥异：其一，对于农产品的价格横向垄断协议（卡特尔），欧盟、日本、韩国明确排除其适用除外地位，但美国、以色列则仍倾向于认可其不适用反垄断法；其二，对于上游农业生产者与下游农产品流通商共同制定的纵向垄断协议，欧盟完全否认其适用除外地位，而美国、日本、韩国则并不排斥，但对其进行严

---

[1] 有关此方面的知名判例可参见 Alexander v. National Farms Org., 687 F.2d 1173，1185–1187（8th Cir.1982），cert. denied，461 U.S. 937（1983）以及 Agritronics Corp. v. National Dairy Herd Ass'n，914 F.Sup.（814）（N.D.N.Y. 1996）.

[2] Iwakazu TAKAHASHI. “Anti–Monopoly Act Exemptions in Japan”. August 8，2003，*The Specific Workshop between the Drafting Committee on Competition Law of Vietnam and the Japan Fair Trade Commission*.

[3] Arie Reich. “The Agricultural Exemption in Antitrust Law：A Comparative Look at the Political Economy of Market Regulation”. *Texas International Law Journal*，VOL. 42.

格限制，当农产品流通商在协议中的意志并不强势和占据控制地位时，亦有可能适用除外，而以色列则完全支持农产品批发商参与缔结纵向协议。

综上所述，对于中国反垄断法是否有必要赋予农产品价格卡特尔和纵向垄断协议两类行为适用除外地位的问题，仍然需要开展进一步的深入分析，故而，本章第二节、第三节将对两类行为进行专论。

第二节 特殊农业竞争行为的反垄断法适用除外地位分析（一）：农产品价格卡特尔

一、农产品价格卡特尔的基本界定及对市场竞争的影响

价格卡特尔是指具有横向竞争关系的经营者之间缔结的以固定或维持市场价格为内容的垄断协议，也是一类最典型的横向垄断协议。在市场经济中，价格堪称最为重要的一类市场要素，对调节供求关系和市场资源配置都发挥着十分重要的作用。一旦通过缔结协议的形式改变或固定价格，就意味着依托于价格要素所产生的市场激励和调节作用都将失灵，生产要素难以得到合理配置，劣质的商品和服务无法正常淘汰；对参与价格卡特尔的经营者而言，则意味着经营者有可能攫取了超出正常市场竞争机制的高额垄断利润，消费者的利益因此受到盘剥和损害。正是基于价格在各类生产要素中的上述重要作用，在各类横向垄断协议中，价格卡特尔堪称对市场竞争危害最甚的一类，此类行为通常应适用“本身违法原则”进行严厉规制和处罚。[1]

鉴于价格卡特尔在各类垄断协议中限制竞争效果的严重性，在反垄断法农业适用除外制度问题上，农产品价格卡特尔是否有必要“区别对待”，

---

[1] 王晓晔:《反垄断法》，法律出版社 2011 年版，第 109 页。

就成为一项重要问题。尽管美国反垄断立法未明确将农产品价格卡特尔排除在适用除外地位之外，但在欧盟，根据《关于农产品生产与贸易领域适用特定竞争规则的26号法规》，农业生产者及其协会在生产、销售、贮藏、处理或加工等方面的联合或协议，是不适用反垄断法的；但是，该法规在相关规定中特别排除了农产品价格卡特尔，即如果农业生产者及其协会的联合行为涉及价格垄断协议，仍有可能受到反垄断法查处。[1]

恰如本书第一章所述，反垄断法农业适用除外制度设置的目的在于，通过将农业生产者一定程度免于反垄断执法威慑的形式，鼓励其开展联合或一致行动，从而一定程度上克服因农业生产经营活动的脆弱性带来的弱势地位问题，并能提高相对于下游农产品流通商的议价能力，更高比例地分享农业生产商品化所带来的溢价收益。从这个角度来看，农业生产者就农产品价格达成垄断协议，本身也是提高其联合或一致行动的典型表现，这并不违背反垄断法农业适用除外制度设置的初衷；但是，鉴于价格要素在市场经济中的重要地位，如果农业生产者就农产品价格进行过分的固定和维持，导致农产品价格过分上涨，再将这一行为置于适用除外的范围，就有“保护过度”的嫌疑。尤其是对农产品而言，其除了属于一般消费品之外，更是生活必需品，具有很强的公共属性，社会公众对其价格上涨的敏感性更强，这就令农产品价格卡特尔对市场竞争的负面影响更加受到重视。

二、我国农产品价格卡特尔的反垄断法适用除外地位辨析

前文已述，对于农产品价格卡特尔的反垄断法适用除外地位问题，欧盟、日本、韩国采取否定的态度，而美国、以色列则采取肯定的态度。经

---

[1] Arie Reich. “The Agricultural Exemption in Antitrust Law: A Comparative Look at the Political Economy of Market Regulation” . *Texas International Law Journal*, VOL. 42.

过对各个国家和地区立法状况的对比分析，并结合我国农业生产经营活动的现实状况，笔者认为，我国应采纳“肯定说”，认可由农业生产者或农村经济组织实施的农产品价格卡特尔具有反垄断法适用除外地位，不受《反垄断法》调整。这主要是基于以下三个方面原因的综合考虑。

其一，从客观条件上来看，我国农业产业集聚程度低、产业结构转型尚未完成，农产品价格卡特尔尚不具备严重影响农产品价格水平的可能。

对农产品价格卡特尔可能会严重限制市场竞争、影响农产品价格稳定的推测，建立在以下前提之上：农业产业发展程度较高，农业生产者通过价格一致行动影响市场的能力较大。在美国、加拿大、澳大利亚等发达国家，耕地数量充足、农户经营规模大、农业机械化程度高，农业产业环境呈现“劳动节约型”模式，[1]此时，由于农业生产经营活动主要由各大农场主从事，这些农场主的资本能力和协作能力均较强，确实有可能通过缔结农产品价格卡特尔的形式，对农产品价格造成显著影响。但在我国当前的环境下，依托于家庭联产承包责任制的农地流转与集中程度低，农地的小规模分散经营方式在我国还将长期持续，农业的集约化水平和组织化程度不高。[2]“一家一户的农地经营模式可能难以解决土地生产资料费用高，以及由于资金缺乏或者市场信息灵敏度差而导致的生产效益低等问题。”[3]在这一大环境下，中国的农业生产活动中包含为数不菲的、“原子化”形态的农民和农户，他们经济能力低、协作能力低，很难通过缔结普遍性的农产品价格卡特尔的形式，对某地的农产品价格产生严重影响；恰恰相反，在农业集约化水平尚且不足的背景下，一定程度激励农业生产者缔结价格

[1] 农业部软科学委员办公室主编:《农业产业政策与农业宏观调控》，中国财政经济出版社2010年版，第35页。

[2] 王乐君、陈朱勇:“加强农业法制建设，加快转变农业发展方式”，见农业部管理干部学院、中国农业经济法研究会主编:《农业法律研究论丛（2011）》，法律出版社2011年版。

[3] 任大鹏、杨娅芬:“农地家庭经营的价值和法律保护”，见农业部产业政策与法规司、农业部管理干部学院、中国农业经济法研究会主编:《农业法律研究论丛（2012）》，法律出版社2012年版。

协议，反而有可能提高他们相较农产品流通商的溢价能力，从而提高农业生产经营活动的效率。简言之，在中国当前的农业产业发展程度和竞争环境下，担忧农业生产者缔结的价格卡特尔会严重限制竞争，有“杞人忧天”的嫌疑。

其二，从现实状况上来看，中国近年来数次发生的农产品价格上涨事件，多由下游“销售端”的垄断协议或其他限制竞争行为引起，而非上游农业生产者这一“供应端”。

近年来，我国确实曾多次遭遇农产品价格上涨事件，这对民生问题造成一定影响，背后也确实一定程度存在价格垄断协议，但是，这些价格垄断协议并非农业生产者或农村经济组织这些农产品的“供应端”所缔结的，而是农产品批发商、零售商等“销售端”的垄断协议所致。从 2010 年以来，我国几乎每年都出现初级农产品价格涨幅高于食品价格涨幅，而食品价格涨幅又高于 CPI（居民消费价格指数）涨幅的现象。一些基础性、关键性的农产品，如粮、肉、蛋等，其涨幅更是容易超过 10% 乃至 20%，在农产品需求量巨大的春节前后，这一数据更甚。[1] 与此相对应的另一个现象是，同期农民收入涨幅状况却并未得到明显改善。[2] 这一现象表明：农业生产的增量收益并非由农业生产者所享有，而主要由下游农产品经销商所攫取。[3]

通过缔结垄断协议或实施滥用市场支配地位的形式，农产品经销商利用其在农产品经销渠道的优势地位，一定程度上推高了农产品价格，此类现象已经得到一些实证研究的佐证。比如，有学者曾在 2013 年对大连市蔬菜市场进行调研，发现在农产品经销商垄断行为的影响下，当地 25 种常

---

[1] 于左：“中国农产品价格过快上涨的垄断因素与公共政策”，载《中国价格监管与反垄断》2014 年第 5 期。

[2] 战英杰、申秋红：“影响我国农民收入的因子分析”，载《东北农业大学学报》2010 年第 4 期。

[3] 李亮国：“农业反垄断法适用除外的农产品经营活动研究”，载《改革与战略》2017 年第 6 期。

用蔬菜价格高于平均价格甚至超过170%。[1]再比如，在国家发改委通报的2009年吉林玉米中心批发市场有限公司串通涨价案中，吉林玉米中心批发市场有限公司等多家企业召集国内16个省级行政单位内合计109家绿豆经销企业相互串通，捏造散布绿豆大幅减产等涨价信息，统一价格上涨共识，对全国绿豆价格的上涨起到了推波助澜的作用。该案的吉林玉米中心批发市场有限公司最终被处以100万元罚款，协办企业则被处50万元罚款，参加会议并相互串通的其他109家绿豆经销企业则受到告诫。[2]这些现实状况均表明，由农业生产者这些农产品的“供应端”缔结垄断协议对农产品价格所产生的影响微乎其微，远不如“销售端”垄断行为的危害性强。在我国农业生产经营活动“上游弱、下游强”的基本特征影响下，适度鼓励农业生产者缔结协议，不会对农产品的最终价格造成严重影响，反而会适度提高农业生产者的议价能力，从而使其能够更多地享受到农产品商品化后的溢价收益。

其三，中国发达的价格执法体系为防止农产品价格卡特尔的不良社会后果起到了“安全阀”的作用。

在我国，对于市场上经营者的价格协同行为，除了会受到《反垄断法》的调整之外，还有可能受到《价格法》的规制。《价格法》为我国建立了发达的价格执法体系，该法第14条对经营者的各类价格违法行为进行了有效规制，依据该条，经营者实施的相互串通，操纵市场价格，损害其他经营者或者消费者的合法权益的行为；捏造、散布涨价信息，哄抬价格，推动商品价格过高上涨的行为；采取抬高等级或者压低等级等手段收购、销售商品或者提供服务，变相提高或者压低价格的行为；违反法律、

---

[1] 于左：“中国农产品价格过快上涨的垄断因素与公共政策”，载《中国价格监管与反垄断》2014年第5期。

[2] 有关此类案件的进一步介绍可参见“国家发展改革委、商务部、国家工商总局有关负责人就加强农产品市场监管工作答记者问”，载http：//www.ndrc.gov.cn/zcfb/jd/201007/t20100701_503265.html，2020年2月1日最后访问。

法规的规定牟取暴利的行为；等等；均属于“不正当价格行为”。另外，依据《价格法》第 40 条的规定，对于经营者实施的违反第 14 条规定的价格违法行为，有可能受到责令改正、没收违法所得、并处违法所得五倍以下罚款的处罚。

仅从《价格法》的上述规定来看，其规制力度其实是远超我国《反垄断法》所规定的价格垄断协议的。依照我国《反垄断法》第二章“垄断协议”的相关规定，对一起横向垄断协议案件的查处，必须同时符合以下要件：其一，经营者已经实施了《反垄断法》第 17 条所规定对各类横向垄断协议；其二，该协议被证明具有足够的社会危害性，即具有明显的排除、限制竞争效果；其三，该协议不属于《反垄断法》第 20 条规定的可以得到豁免的横向垄断协议的情形。但是，如果依据《价格法》第 14 条的规定，经营者只要实施了“相互串通，操纵市场价格”的行为，或“捏造、散布涨价信息，哄抬价格，推动商品价格过高上涨”的行为，即可受到查处。换言之，在经营者并未真实缔结垄断协议，仅仅是进行了有关价格的串通、捏造、散布、哄抬等预备性的行为时，即有可能受到查处，对此类行为的证明力度显著低于《反垄断法》中垄断协议的查处。也正因如此，在我国实践中的价格垄断协议查处中，执法者出现了“向《价格法》逃逸”的现象，即更加偏好于适用《价格法》查处价格违法行为，而非适用《反垄断法》。

《价格法》制定于我国推行社会主义市场经济体制的初期，该法的一些规定残留了一些计划经济时代管理市场的痕迹，因此，该法依然保留对市场价格进行“严格管制”的逻辑。伴随着市场经济体制改革的进行，《价格法》的相关内容虽然未经修改，但对于市场上的经营者自主定价行为，执法者原则上采取尊重态度，不会轻易依据《价格法》第 14 条的规定，对一些捕风捉影的所谓“相互串通，操纵市场价格”行为或“捏造、散布涨价信息，哄抬价格，推动商品价格过高上涨”行为开展执法。但是，对于一些直接影响国计民生的重要社会物资的市场价格，由于其更加关切社会公共利益，一般消费者对此类价格上涨的敏感性也更强，与一般消费品相比，价格管理部门对此类关键消费品适用《价格法》第14条开展查处的概率就会更高。诸如粮食、猪肉、蔬菜等关键农产品，价格管理部门亦采取同样的逻辑。近年来，通过适用《价格法》第14条的形式，对哄抬关键农产品价格的价格违法行为开展查处，进而起到稳定农产品市场价格的目的，这类执法活动并不罕见。[1]在一些情况下，对食品、农产品一些过于严苛的价格执法行为甚至引发公众关于利用行政力量粗暴干预市场规律的质疑。[2]但是，这一现象起码表明，在对基本农产品存在严苛价格执法行为护航的情况下，农产品价格卡特尔即便处于反垄断法适用除外的范围之内，农产品的价格稳定也存在《价格法》这一“安全阀”。虽然从尊重市场价格规律的角度，对于正当的农产品价格上涨行为，不建议草率动用价格执法的形式予以过度干预，但如果一些关键农产品的价格由于价格卡特尔而出现价格过分上涨的现象，此时，通过依据《价格法》对“捏造、散布涨价信息，哄抬价格，推动商品价格过高上涨”的行为进行查处，就具有正当性依据。换言之，在我国存在《价格法》及其执法活动的前提下，即便将价格卡特尔置于反垄断法适用除外的范畴之下，也无须担心因此而造成对农产品价格上涨现象欠缺有效规制。

---

[1] 这方面的典型执法状况可参见“国家发展改革委、商务部、国家工商总局有关负责人就加强农产品市场监管工作答记者问”，载 http：//www.ndrc.gov.cn/zcfb/jd/201007/t20100701_503265.html，2020年2月1日最后访问。

[2] 比如，在2019年10月，贵州牛肉粉、羊肉粉发生了涨价事件，普通羊肉粉价格从每碗8元涨到10元，涉案经营者仅仅是在同行经营者的微信群中发了有关成本上涨、经营困难的牢骚，就被视为有“串通涨价”嫌疑，涉案经营者遭受当地市场监管部门专项检查和约谈，最终，当地牛肉粉、羊肉粉回归正常价格，但由于物价上涨是市场正常机制的反映，即便恢复原价，当地牛肉粉、羊肉粉依然出现每碗粉分量减少的情况。有关该案的进一步介绍可参见：“贵州牛肉粉涨价被约谈，媒体：对一碗粉进行粗暴限价完全走错了方向”，载 https：//new.qq.com/omn/20191022/20191022A04K5V00.html，2020年2月1日最后访问。

第三节 特殊农业竞争行为的反垄断法适用除外地位分析（二）：农产品流通中的纵向限制

一、一般纵向限制协议的反垄断法适用除外地位思辨

本章第一节已述，垄断协议是反垄断法农业适用除外制度的唯一适格行为。但是，农业领域垄断协议享有适用除外地位的前提是，缔结该协议的市场主体必须符合本书第三章对主体要件的界定，亦即，只有当缔结协议的主体全部属于具有横向竞争关系的农业生产者及其联合组织时，该垄断协议方不适用反垄断法。若严格依此标准，农产品纵向限制协议不应享有任何反垄断法适用除外地位，因为它是由上游农业生产者与下游农产品流通商所共同缔结的，后者的法律身份不符合反垄断法适用除外制度的适格主体范畴。但是，鉴于纵向协议通常是上下游经营者利益平衡的结果，如果严格套用上述逻辑，则意味着一部分有利于保护和强化农业生产者利益的协议也将被排除在适用除外范畴之外，这有可能是得不偿失的。基于这种考虑，不同国家对农产品流通纵向限制协议是否不适用反垄断法的态度有较大差距：欧盟原则上禁止纵向协议享有适用除外地位；而美国、日本、韩国虽稍微宽松一些，如果有证据表明协议仍是反映和维护上游农业生产者利益的，则仍有可能给予适用除外地位；而在以色列则最为宽松，这是由该国反垄断法明确赋予下游农产品批发商适用除外资格所致。

本书认为，如果上游农业生产者及其联合组织与下游农产品流通商共同缔结、实施了纵向限制协议，且该协议是基于上下游经营者平等协商和意思自治所产生的，则理应赋予反垄断法适用除外地位。原因在于：此类纵向限制协议本质上是农业生产者通过与下游流通商缔结协议的形式，拓展农产品的适销渠道。在此类行为中，参与协议的从事农产品储存、运

输、批发、零售等业务的下游经营者的利益需求也得到了满足，但它是与上游农产品经营者达成合意、充分尊重其利益需求的前提下实施的，并未强制和胁迫农业生产者的利益需求。从提高农业生产者的议价能力、拓展农产品适销渠道的角度来看，此类协议理应享有反垄断法适用除外地位。

反垄断法农业适用除外制度虽然以赋予上游农业生产者及其联合组织为其主要定位，但这并不意味着完全排斥下游流通商，而是要有“度”。事实上，即便是农业生产者之间达成的横向协议，其最终目的也无非以彼此协作和一致行动的形式，提高农业生产者将农产品投入流通环节时的议价能力。换言之，农产品因商品化所焕发的巨大价值，本身即需要农产品流通商的积极参与，不能因噎废食地完全排斥后者参与缔结协议。正因如此，不管是我国《农民专业合作社法》还是《美国凯普沃斯蒂德法》，对于农业生产者组成的联合组织，也均为完全排斥流通商或其他社会资本的参与，而只是倾向于做出严格限制。同理，如果一个纵向协议是上下游经营者充分意思自治和协作的结果，则该协议本身也是有利于增强和维护农业生产者利益的，不应将其排除在反垄断法适用除外地位之外。更何况，在现代市场经济背景下，伴随着各类电商平台的发展，农产品的适销渠道愈发多样化、便捷化，农业生产者通过自主拓展流通渠道的形式进行农产品直销的情形并不罕见，[1] 此时，农业领域的上下游市场主体开始表现出一定的交叉和混同，如果仅因为一个协议的缔结主体中存在部分农产品流通商，就排除该协议的反垄断法适用除外地位，是不合时宜的。

从现实情况来看，在农民专业合作社或农业行业协会积极参与的情况下，缔结纵向协议可以有效地提高农产品流通效率，并促进农业生产者利

---

[1] 这方面的一个典型例子便是最近从事竹鼠养殖和销售的网红“华农兄弟”，通过互联网视频直播媒体的形式，“华农兄弟”既从事农业生产（食用竹鼠养殖），同时又自发开拓出高效率的竹鼠自销渠道，以“自产自销”的形式从事经营活动。有关该案例的深入介绍，可参见张洁：“专访华农兄弟：我们是养竹鼠的，不知道怎么就成了美食博主”，载 http：//mp.weixin.qq.com/s/6jeaUH1LjBqMNOs_v0q_JA，2020 年 2 月 1 日最后访问。

益的维护。通过组织农民专业合作社，农业生产者就农业耕作、收获、储存、销售等方面达成一致行动，并在农业生产者与流通商的缔约活动中，形成一致力量，提高议价能力，从而使农业生产者“向下游延伸”；通过与农产品流通商相互合作的形式，开发出由其自主控制的农产品销售渠道，减少农产品的分销环节。这一协作过程同时使农业生产者、流通商和消费者受益，有助于提高农业生产经营活动的效率。[1]而通过农业行业协会提供的便利，针对特定农产品的上下游经营者也可以比较方便地缔结协议，从而开发农产品适销渠道。日本知名的“神户牛肉”品牌即是在这种纵向协议的协调下产生的：1983 年，日本兵库县政府牵头把牛肉的生产者、流通商和消费者各方组织起来，成立了“神户肉流通推进协议会”，制定了有关神户牛肉的具体标准和管理方法；只有达到霜降度 BMS（Beef Marbling Standard，雪花牛肉中脂肪混合度的一个标准，共分 12 级）6 级以上的牛肉，才能盖上“神户牛”的蓝色印章。[2]通过这种协作，牛肉的生产、销售、消费等上下游各级参与者均受益，明显提高了农业生产经营活动的效益。

二、对农产品流通商滥用相对优势地位实施纵向限制的特别分析

（一）滥用相对优势地位实施纵向限制的内涵界定

一般认为，与横向限制竞争致力于在直接具有竞争关系的横向竞争对手中达成垄断力量不同，反垄断法上的纵向限制竞争是指处于不同生产经营阶段或链条上的经营者之间从事的限制竞争的行为，它又被称为纵向垂直竞争。[3]我国《反垄断法》并不存在专门的纵向限制的概念，现实中，

---

❶ 薛建强：《中国农产品流通模式比较与选择研究》，东北财经大学 2014 年博士学位论文。

❷ 俞天任：“神户牛肉到底是怎么来的？”，载 https：//weibo.com/5979719281/IdIQ265Ul?type=comment#_rnd1572681607837，2020 年 2 月 1 日最后访问。

❸ 古红梅：《纵向限制竞争的反垄断法规制》，法律出版社 2011 年版，第 13 页。

它经常被等同为我国《反垄断法》第 18 条所规定的纵向限制协议，即具有纵向竞争关系的经营者与交易相对人之间缔结垄断协议的行为。但二者并不能完全等同，严格来说，纵向限制协议仅仅是纵向限制竞争行为的一类典型表现。

根据实施限制竞争行为主体性质的不同，以及参与限制竞争的纵向生产经营链条上经营者之间所处关系的不同，纵向限制竞争行为可以分为以下三类情形。

第一类是“基于合意的纵向限制”，即纵向限制协议。在此类情形中，上下游经营者通过彼此平等协商达成一致意见，制定、实施了排除、限制竞争的纵向协议，协议的达成不存在任何一方滥用其优势地位的情形，参与协议的双方或多方经营者基本处于公平且对等的地位。在我国，此类情形由《反垄断法》第 18 条进行规制。

第二类是“基于市场支配地位的纵向限制”，即滥用市场支配地位。在此类情形中，参与纵向限制的一方经营者在相关市场具有市场支配地位，该经营者利用该支配地位对其上游或下游经营者产生的强制、胁迫效果，迫使上下游经营者在违背自身意愿的情况下，配合其实施垄断行为。此类纵向限制本质上是我国《反垄断法》第三章规定的滥用市场支配地位的行为，它是一类单方实施的行为。在实践中，这类行为的上下游经营者之间可能会通过缔结协议的形式实施该纵向限制行为，但是，由于此时的一方经营者是在受对方市场支配地位强制或胁迫的情况下制定的，此时的所谓“协议”并不具有垄断协议的实质，它本质上是单方实施的胁迫行为。

第三类是“基于相对优势地位的纵向限制”，即所谓滥用相对优势地位。在此类行为中，参与缔结协议的上下游经营者之间并非纯粹的平等关系，优势一方对弱势一方具有一定程度的胁迫性，但优势一方的市场地位也并未达到具有市场支配地位的程度，而仅仅是具有与交易相对人之间的“相对优势地位”，即经营者仅对于高度依赖自身的作为交易相对人的经营者具有在资金、技术、市场准入、营销渠道、原材料采购等方面“难以转向”的比较优势地位。[1]换言之，从参与纵向限制的经营者之间关系的角度来看，基于相对优势地位的纵向限制的双方或多方经营者之间的关系，既非完全平等，又非纯粹的单方限制，而是存在一定的强制或胁迫力量。抑或在基于相对优势地位的纵向限制中，经营者之间的关系介于“基于合意的纵向限制”与“基于市场支配地位的纵向限制”之间。

（二）对滥用相对优势地位实施纵向限制立法问题的纷争与现状

在反垄断法农业适用除外制度问题上，上述前两类纵向限制行为的适用除外地位比较容易判定——纵向限制协议具备适用除外地位，而滥用市场支配地位则不具备。但是，对于第三类滥用相对优势地位行为的适用除外地位问题，则比较复杂。根源在于，滥用相对优势地位并非为我国《反垄断法》所正式确认的一类限制竞争行为。从全球范围来看，不同国家竞争法对待滥用相对优势地位的规制态度有较大差别：欧盟、美国的竞争法均不存在对滥用相对优势地位的明确规定，只不过，在竞争法针对某些单边行为的一般规则中，某些形式的滥用相对优势地位会受到规制；而德国、日本、韩国则是全球范围内极少数在竞争法中专门规定了滥用相对优势地位的国家。[2]

《德国反限制竞争法》对纵向限制协议、滥用市场支配地位、滥用相对优势地位三类行为进行了严格区分。《德国反限制竞争法》第 1 ~ 3 条对垄断协议进行了规定，第 19 条又对滥用市场支配地位行为进行了规定，除此之外，又在第 20 条第 2 款对“中小企业作为某种商品或服务的供应者或购买者依赖于某企业或企业联合组织，致其没有足够的、可合理期待的可能性专项其他企业的”行为进行了专门规定，该条性质实际上即是

---

[1] 龙俊：“滥用相对优势地位的反不正当竞争法规制原理”，载《法律科学》2017 年第 5 期。

[2] 朱理：“滥用相对优势地位问题的法律规制——虚幻的敌人与真实的危险”，载《电子知识产权》2016 年第 6 期。

对滥用相对优势地位进行规制的条款。[1]而在《日本禁止私人垄断与确保公平交易法》和《韩国独占规制及公正交易法》中，立法具有反不正当竞争与反垄断统一立法的特色，对滥用相对优势地位行为的规制是依托于对“不公平交易行为”的规定。换言之，日本、韩国对滥用相对优势地位的规定，实质上是一种反不正当竞争立法，而非反垄断立法。[2]

在我国，《反垄断法》不存在对滥用相对优势地位的专门规定。但是，在2018年《反不正当竞争法》修订以前，曾有学者建议通过反不正当竞争立法的形式，对滥用相对优势地位进行规制，[3]但该立法建议最终没有被《反不正当竞争法》所采纳。在2019年《反垄断法》的修订活动提上日程以后，有学者建议在《反垄断法》中增加有关滥用相对优势地位的规制条款，但该建议最终未被采纳。

总体而言，国内学界对立法规定滥用相对优势地位的问题，主要持谨慎乃至完全否定的态度，主要理由如下。其一，规制滥用相对优势地位的理论基础存疑。经典的反垄断理论认为，能够对整个市场竞争秩序构成损害的行为，通常具有对市场的支配性结构，反垄断执法是建立在这种宏观结构性基础之上的；而对相对优势地位的认定，实际上强调的是纵向交易关系上的微观“依赖”关系，它会令反垄断执法脱离应有的结构性考虑，从而使法律的实施从“保护竞争”转变为“保护竞争者”。换言之，一旦在立法中明确规定了滥用相对优势地位条款，将很可能被滥用。[4]其二，即便在德

---

❶ 德国2005年转引自时建中主编:《三十一国竞争法典》，中国政法大学出版社2009年版，第97–98页。

❷ 王晓晔:“论滥用‘相对优势地位’的法律规制”，载《现代法学》2016年第5期。

❸ 有关《反不正当竞争法》是否有必要规定滥用相对优势地位的探讨，支持的意见可参见龙俊:《滥用相对优势地位的反不正当竞争法规制原理》，载《法律科学》2017年第5期。反对的意见可参见：①王晓晔:“论滥用‘相对优势地位’的法律规制”，载《现代法学》2016年第5期；②朱理:《滥用相对优势地位问题的法律规制——虚幻的敌人与真实的危险》，载《电子知识产权》2016年第6期。

❹ 李剑:“论结构性要素在我国《反垄断法》中的基础地位——相对优势地位滥用理论之否定”，载《政治与法律》2009年第10期。

国、日本等存在滥用相对优势地位规定条款的国家，该规定的实施效果也并不理想，实践中面临诸多质疑。在德国，“相对优势地位”是1973年第二次修订《德国反限制竞争法》时引入的概念，截至2008年年底，在35年的时间里，德国联邦卡特尔局一共仅审理过39起此类案件，最终仅认定了3起，且这3起案件的涉案经营者本身也可以认定为存在市场支配地位。在日本，在2009年修订《日本禁止私人垄断与确保公平交易法》以前，认定的滥用相对优势地位案件也很少；在2010年新法生效后，对滥用相对优势地位案件的执法增多，但一直在日本学界遭受执法标准混乱、干涉市场自由竞争等批评。[1]其三，对于具有纵向交易关系的经营者之间的公平竞争问题，除竞争法之外，有关合同法、侵权法、行政法等方面的法律规定亦可发挥规制滥用相对优势地位的作用；另外，针对大型超市、电子商务、商业特许等行业的特别立法，亦可起到类似的作用。相较在竞争法中做出一般规定，这些分行业、分层次的特别立法反而有利于防止滥用相对优势地位条款被扩张适用。[2]

值得注意的是，尽管在现行立法中，并未将滥用相对优势地位纳入反垄断法规制范畴，但在执法实践中，则存在一个值得关注的现象：部分滥用相对优势地位案件会通过适用《反垄断法》第18条的形式，以纵向限制协议的名义予以规制。在这方面能起到重要佐证效果的是2013年的贵州茅台、四川五粮液的白酒转售价格维持案件。[3]在该案中，茅台公司、五粮液公司实施的行为均具有明显的单边性，即虽然对白酒转售价格的维

---

[1] 王晓晔：“论滥用‘相对优势地位’的法律规制”，载《现代法学》2016年第5期。

[2] 吴秀荣：“世界主要国家对滥用相对优势地位的规制及给我国的立法启示”，载《中国物价》2018年第11期。

[3] 在该案中，茅台公司向各大区、省区，驻外公司、自营店、各经销商统一发出了《关于执行贵州茅台酒系列产品市场销售价格体系的通知》，并制定了《贵州茅台酒市场管理规定》（黔茅销〔2012〕15号），要求各经销商遵守茅台公司制定的白酒转售价格体系，违背相关规定的经销商将有可能受到有关暂停执行合同计划、扣减保证金、解除合同等惩罚措施；五粮液公司对经销商亦采取了相类似的措施。参见中国世界贸易组织研究会竞争政策与法律专业委员会编著：《中国竞争法律与政策研究报告（2014年）》，法律出版社2014年版，第47-48页。

持体现为一定的纵向契约关系，但在这一契约中，经销商明显是在受到茅台公司、五粮液公司有关相对优势地位的胁迫下所制定的，其对契约的具体内容并不具备真实的意思表示。换句话说，该案中的协议更像是一个单边规则，抑或说是"一种契约格式条款"，"在这一'协议'的达成过程中，经营者在不同程度上均利用了自己的市场优势地位，对其上游或下游经营者存在一定程度的胁迫，这一表现是与滥用市场支配地位行为极端相近的"。[1] 在茅台、五粮液案中，执法者表面上适用了《反垄断法》第18条规定的纵向限制协议进行了查处，但其实际执法逻辑却与德国、日本实践中规制滥用相对优势地位的范式高度类似。这方面的一个典型证据是：依照《反垄断法》对查处垄断协议的规定，任何参与协议的经营者均应当受到处罚；但在茅台、五粮液案中，对于参与协议的白酒经销商，实际上却享受了"受害者"的待遇。执法者仅对茅台公司、五粮液公司开具了总计4.49亿元的罚单，但对参与协议的经销商，非但没有遭受处罚，反而执法过程"具有很强的为经销商维权的色彩"。[2]

综上所述，表面上看来，我国《反垄断法》对规制滥用相对优势地位并不存在法律依据，但实际上，反垄断执法机构在实践中对《反垄断法》第18条进行了扩张性解释，对一部分以协议形式实施的滥用相对优势地位以纵向限制协议的名义进行了规制。对此类案件的执法态度是：尽管参与协议的部分经营者存在意思被强制、胁迫的情形，但仅从外观上来看，依然存在符合《反垄断法》第18条规定的由经营者与交易相对人达成的纵向协议，只不过，此处的所谓"协议"，其实更像是由具有相对优势地位的经营者单方面制定，迫使交易相对人接受的所谓"格式条款"；也正因如此，在依据《反垄断法》第18条查处滥用相对优势地位时，执法机

---

[1] 杨凤祥：《转售价格维持的反垄断法规制》，中南财经政法大学2016年博士学位论文，第94页。

[2] 杨凤祥：《转售价格维持的反垄断法规制》，中南财经政法大学2016年博士学位论文，第95页。

构仅处罚滥用相对优势地位的一方经营者，而对受到强制和胁迫的交易相对人，则豁免处罚。

从研究反垄断法农业适用除外制度行为要件的角度来看，了解上述现象十分必要。因为这意味着：实践中一些通过协议形式实施的农产品流通商滥用相对优势地位的行为，有可能会被识别为属于《反垄断法》第18条的所谓“纵向限制协议”，从而被判定为具有反垄断法适用除外地位，而这是不恰当的，毕竟在此类行为中，作为协议主体的农业生产者及其联合组织并不具备真实的意思表示，它本质上是农产品流通商利用和强化其优势地位，对农业生产者利益进行胁迫和盘剥的单方行为，理应纳入反垄断法审查范围。

（三）农产品流通商滥用相对优势地位的反垄断法适用除外地位辨析

笔者认为，在农产品流通市场上，应当严格区分纵向限制协议与滥用相对优势地位实施纵向限制两类行为，只有前者享有反垄断法适用除外地位。

本章第二节已述，从我国近年来农产品市场的现状来看，相较上游农产品的“供应端”，下游“销售端”经营者所导致的农产品价格上涨情形更加明显。这主要是基于以下两方面的原因：其一，从农业发展的客观条件来看，农业生产活动地域性、季节性强，抗拒自然灾害和市场风险的能力较低，这导致农业生产者对特定区域的农产品供销渠道具有明显的依赖性，农产品生产经营活动呈现一定的“上游弱、下游强”的特征，农产品流通商具有一定的优势地位；其二，从农产品流通商的主观目的来看，他们也确实倾向通过实施一定限制竞争行为的形式，强化其在市场上的支配力量，这既有可能体现为滥用市场支配地位的行为，又有可能体现为滥用相对优势地位实施纵向限制的行为。

当农产品流通商实施滥用市场支配地位行为时，此类限制竞争行为是一个纯粹由下游农产品流通商实施的单边行为，此类行为显然不具有适用除外地位。当农产品流通商利用相对优势地位实施纵向限制协议时，从外观上来看，此类协议的缔结主体既包含农产品流通商，又包含上游农业生产者及其联合组织，但实际上，正如前文所言，此时的农业生产者及其联合组织并未真实参与合意，农产品流通商利用其相对优势地位强制或胁迫其参与协议，上游经营者只能选择接受该格式合同，若选择放弃，则意味着丧失了该农产品适销渠道，对于协议的具体内容，他们并无能力产生真实的影响。对于这类由农产品流通商主导实施的纵向限制“协议”，它本质上是下游农产品经营者实施的单边行为，上游经营者仅在形式上是协议的参与人，甚至在很多情况下也是纵向协议的受害者，因此，不应当赋予其反垄断法适用除外地位。

现实中，由农产品流通商滥用相对优势地位实施的纵向限制通常会同时对农业生产者和消费者的利益产生不良影响。农产品需要经历从生产到加工、储存、运输、批发、零售的整体链条，在最终供应于消费者时，农产品其实已经经过了这一生产经营链条上各渠道经营者的层层加价。如果下游农产品流通商利用其相对优势地位实施纵向限制，实际上意味着在农产品供应过程中提高了加价空间。这一方面会导致农产品最终零售价格的推高，从而盘剥消费者的价格福利因素，侵害消费者利益；另一方面，它也盘剥了农业生产者在农产品生产经营活动中的分利空间，影响农民实际收入的提高，侵害了农业生产者的利益。

实践中，由农产品流通商滥用相对优势地位实施的纵向限制主要体现为以下三种类型。

第一类为农产品流通的价格类纵向限制。农产品流通商利用其相对优势地位，与依靠其供销渠道的农业生产者缔结协议，以不公平的低价收购农产品，而后以较高的转售价格售于下游农产品零售商，或直接售于消费者，获取较高的垄断高价利润。这类协议直接以农产品的价格为客体，通常会对农业市场产生较明显的排除、限制竞争效果，在实践中比较容易被识别，实践中，尽管我国发改委和物价管理部门不太倾向于适用《反垄断法》，但依然可以通过适用《价格法》的形式，对此类行为依照“价格违法行为”进行查处。

第二类为农产品流通的非价格类纵向限制。比如，通过缔结独家供货协议、独家农产品储存或物流协议，或缔结限定交易相对人协议等的形式，强化农产品流通渠道的优势地位。这类行为并不与农产品价格直接相关，在现实中具有一定的隐蔽性，但由于具有一定的限制竞争效果，可能会造成农产品流通商相对优势地位的进一步提高，从而间接推高农产品价格，因此，此类行为值得更多的执法关注。比如，在 2012 年 11 月，沈阳市农副产品批发市场即与物流公司签订有关砂糖橘的排他性运输协议，一定程度导致当时砂糖橘价格的提高。[1]甚至在有些情况下，农产品流通商缔结的协议内容并不直接对农产品的生产、储存和运输行为发生影响，而是通过间接影响其他与农业生产经营活动有关的生产资料的形式，间接排除、限制竞争。例如，在 2019 年 7 月杭州水产市场上，出现了通过限定水产经营者购买冰块的交易相对人的形式实施垄断的案例，该案经媒体报道后，被当地市场监管局及时纠正。[2]

第三类为农产品流通商巧立名目，收取各类“通道费”的纵向限制。农产品流通商滥用相对优势地位，向供货方收取各类“上架费”“摊位

---

[1] 于左：“中国农产品价格过快上涨的垄断因素与公共政策”，载《中国价格监管与反垄断》2014 年第 5 期。

[2] 该案中，余杭区勾庄的杭州水产市场以食品安全和经营秩序为借口，滥用相对优势地位，在水产市场的管理协议中要求该市场内的水产摊位只能向本市场内的摊位购买保鲜鱼货用的冰块，不准从市场外进入，而市场内的冰块价格又比市场外贵了 50% 左右，该行为对当地 1000 余户水产摊主产生了影响，甚至有些摊主被迫花费 1 万元自行购买了制冷设备。《钱江晚报》记者报道该事件后，杭州市市场监管局、余杭区市场监管局，以及水产市场所在的农副物流中心市场监管所联合进行了调查。调查过后，市场方承诺在通过该市场备案，并符合该市场相关管理制度的情况下允许外来冰块进入市场。有关该案的详细介绍参见：“外来冰块不让进？！杭州水产市场商户购买冰块遭遇垄断经营”，载 https：//mp.weixin.qq.com/s/c0K6lEzNhL9dAmoefK07tw，2020 年 2 月 1 日最后访问；“下文来啦！监管部门联合调查：外来冰块允许进入杭州水产市场”，载 https：//mp.weixin.qq.com/s/b0I-f2cahcEQrUvBHWK-Lw，2020 年 2 月 1 日最后访问。

费”“管理费”的情形，这是农产品流通过程中的一类常见纵向限制现象。在此类纵向限制中，农产品流通商以收取各类巧立名目的“通道费”作为与农业生产者或其他农产品供货方缔结协议的前提条件。基于农业生产活动对特定流通渠道的依赖性，一些大型零售超市、农产品集贸市场等具有优势地位的经营者，会要求农产品供货方依照一定的计算方式缴纳农产品进入流通渠道的所谓“通道费”，若供货方拒绝缴纳，则不与其缔结农产品流通协议。实践中，此类通道费可能会以上架费、服务费、管理费、续约费等各种名目予以掩盖。[1]

综上所述，对于农产品流通商滥用相对优势地位实施的纵向限制，尽管其在实践中有可能体现为与上游农业生产者缔结的所谓“协议”，但这种“协议”实际上仅体现了下游流通商的利益需求，多与上游农业生产者的利益需求无关甚至相矛盾，此类行为并不具备纳入反垄断法农业适用除外范围的理论基础，它仅有协议之“形”而无其“实”，本质上是农产品流通商的单边行为。换言之，在农产品流通市场的反垄断执法实践中，应当对各类纵向“协议”中不同法律主体所起的作用进行有效的甄别，通过判断相关农产品市场的竞争状况、农业生产者对特定流通渠道的依赖程度，以及各类协议主体的财产能力和议价能力等要素，可以有助于确定参与缔结协议的各类经营者在协议中所起的具体作用，如果有证据表明上游农业生产者是在被强制和胁迫的情况下，基于交易相对人的优势地位而缔结的协议，则显然有必要开展反垄断执法，否认其享有适用除外地位。

（四）农产品流通商滥用相对优势地位的规制路径

前文分析已述，农产品流通商滥用相对优势地位实施的纵向限制不应纳入反垄断法适用除外范围。但是，在当前立法环境下，应采纳何种规制

[1] 王亚南：“滥用相对优势地位问题的反垄断法理分析与规制——以大型零售企业收取‘通道费’为切入视角”，载《法学杂志》2011年第5期。

路径对农产品流通商滥用相对优势地位的行为进行合理规制，这是一个疑难问题。由于《反垄断法》并未明文规定滥用相对优势地位的行为，而通过扩张解释《反垄断法》第 18 条的方式规制此类行为亦非长远之计。[1] 考虑滥用相对优势地位在理论基础、实施效果等方面尚存在的缺陷，在未来修法时，将其增加规定为一类新的限制竞争行为的做法也非明智之举，这有可能会造成相关条款被滥用，从而对市场自由竞争造成过度干预。笔者认为，在目前《反垄断法》已有的制度框架下，对农产品流通商滥用相对优势地位实施的纵向限制，可同时采取以下两种路径予以规制。

首先，通过更新和调整相关市场的认定范式，将一些严重的农产品流通商滥用相对优势地位的行为，吸收到滥用市场支配地位的法律规定中予以规制。在现代反垄断法背景下，经营者的“绝对优势地位”和“相对优势地位”本身即展现出融合的态势。由于建立在市场支配地位制度基础上的“相关市场”概念本身是一个具有较大模糊性的概念，在国外的执法或司法实践中，逐渐出现通过界定所谓“亚市场”“次级市场”等的概念，来适度缩小相关市场的范畴，解决滥用市场支配地位规制门槛过高的问题。此时，滥用市场支配地位和滥用相对优势地位具有一定的融合趋势。[2] 在农产品流通市场上，由于“上游弱、下游强”的产业特征，农业生产者对特定地区农产品流通渠道的依赖性极强，这种特殊的产业环境使其对农产品流通领域的相关市场进行“细分”更具合理性。比如，某地共有 5 家大型超市，依照一般的相关市场界定方式，这 5 家大型超市在所处地域均无法界定为具有市场支配地位。但是，这 5 家超市中，唯独 A 超市提供了大型生鲜农产品的运输冷链，其农产品适销能力远超过另外 4 家大型超市的总和，这使本地农产品对其供销渠道具有强烈的依赖性。此时，A 超

---

[1] 杨凤祥:《转售价格维持的反垄断法规制》，中南财经政法大学 2016 年博士学位论文，第 95 页。

[2] 朱理:“滥用相对优势地位问题的法律规制——虚幻的敌人与真实的危险”，载《电子知识产权》2016 年第 6 期。

市就比较适宜界定为在当地"相关农产品零售市场"上具有市场支配地位。通过这种相关市场的界定方式，一些农产品流通商滥用相对优势地位的行为也可以同时认定为滥用市场支配地位，即能受到有效规制。当然，采取此种方式分析农产品流通商的纵向限制行为时，亦不能忽视"合理原则"之适用，即还应考虑其限制行为是否具有经济上的合理理由。比如，一些纵向价格限制可能会限制同一农产品品牌流通过程中的内部竞争，但同时又会提高不同农产品品牌之间的横向竞争力度；一些纵向非价格限制也可能有利于稳固农产品生产与流通之间的协作关系，防止农产品供货方利用流通商的适销渠道"搭便车"；[1]而一些大型零售超市、农产品集贸市场对上架农产品收取的所谓"通道费"，在很多情况下是针对新产品上市而收取的费用，此时则具有消除信息不对称的经济功能。[2]概言之，即使通过滥用市场支配地位的路径对农产品流通商实施的各类纵向限制进行规制，也需要根据具体行为是否有正当性、是否对市场造成不良影响等具体情况，来实时判断是否有必要开展反垄断执法，而不能一概而论地予以禁止。

其次，通过在与农产品流通市场相关的单行立法中，对农产品流通商滥用相对优势地位的一些典型违法表现进行特别规定。滥用相对优势地位之所以不适宜明文规定于《反垄断法》中，是因为此类行为多数具有一定的经济合理性，或在交易实践中具有促进效率的一面，不适宜"一刀切"，如果将其明确作为一类独立的限制竞争行为进行规制，很有可能会被滥用，导致对市场竞争的不当干预。但是，在农业这种具有"上游弱、下游强"典型特征的产业环境下，上下游经营者之间的不均衡性非常明显，规

---

[1] 温宏建："纵向限制的经济学与法学意义"，载《首都经济贸易大学学报》2005年第2期。

[2] 农产品零售商往往没有足够信息来判断新产品是否是适销产品，因为在产品不适销的情况下，它们会长期占用零售商的货架，进而影响零售商的经济利益，此时，农产品零售商要求供货方支付一定的入场通道费，就同时具有解决信息不对称、防止产品"搭便车"以及获取农产品适销保证的经济功能，就具有一定的正当性。参见王晓晔：《反垄断法》，法律出版社2011年版，第158页。

制滥用相对优势地位行为的必要性就更强。从全球范围来看，除德国、日本、韩国以外的绝大多数国家反垄断法均未规定滥用相对优势地位的行为，但在与农产品流通有关的特别立法中，很多国家都具有禁止此类行为的特别规定。比如，《英国杂货店供货规则》《奥地利农村地区供货商保护法》、斯洛伐克对零售连锁店的管制立法、《捷克农产品和食品销售中滥用重大市场力的规定》等，诸如此类的例子不胜枚举。[1]我国也可考虑采取此种规制路径，亦即，通过在与农产品流通有关的单行立法中，对农产品流通商实施的各类滥用相对优势地位纵向限制行为进行特别规制，进而实现对农业市场竞争环境和农业生产者利益进行特殊保护的目的。[2]

本章小结

本章以中国反垄断法农业适用除外制度的行为要件为研究对象，本章认为，中国反垄断法农业适用除外制度应以垄断协议为唯一适格行为要件，农业领域的滥用市场支配地位、经营者集中和行政性垄断均不适宜纳入反垄断法适用除外范畴。而对于农产品价格卡特尔和农产品流通市场上的纵向限制协议两类特殊的垄断协议，则应当依照以下规则判定其是否具有反垄断法适用除外地位。

首先，对于农产品价格卡特尔的适用除外地位问题，鉴于我国农业产

---

[1] 王晓晔："论滥用'相对优势地位'的法律规制"，载《现代法学》2016年第5期。

[2] 目前，在商务部2006年制定的《零售商供应商公平交易管理办法》中，已存在对超市"通道费"予以禁止的特别规定。该办法第13条禁止零售商向供应商收取或面向收取各种名目的所谓"通道费"，包括"(一)以签订或续签合同为由收取的费用；(二)要求已经按照国家有关规定取得商品条码并可在零售商经营场所内正常使用的供应商，购买店内码而收取的费用；(三)向使用店内码的供应商收取超过实际成本的条码费；(四)店铺改造、装修时，向供应商收取的未专门用于该供应商特定商品销售区域的装修、装饰费；(五)未提供促销服务，以节庆、店庆、新店开业、重新开业、企业上市、合并等为由收取的费用；(六)其他与销售商品没有直接关系、应当由零售商自身承担或未提供服务而收取的费用"。

业集聚程度低、产业结构转型尚未完成，农产品价格卡特尔尚不具备严重影响农产品价格水平的可能，实践中的农产品价格上涨事件多由流通领域的限制竞争行为引起，我国发达的价格执法体系也为防止农产品价格卡特尔的不良社会后果起到了“安全阀”的作用，因此，农产品价格卡特尔应当属于反垄断法适用除外制度的适格行为。

其次，对于农产品流通中纵向限制协议的反垄断法适用除外地位问题，如果一个纵向限制协议是由上游农业生产者及其联合组织与下游农产品流通商共同缔结和实施，且该协议是基于上下游经营者平等协商和意思自治所产生的，则理应赋予反垄断法适用除外地位。但是，实践中，存在一部分农产品流通商滥用相对优势地位，以强制或胁迫农业生产者与其缔结协议的形式实施纵向限制，此类行为本质上反映的是农产品流通商的意志和利益，不应享有反垄断法适用除外地位。

第五章　中国反垄断法农业适用除外制度的改进研究

本书前四章依次探讨了反垄断法农业适用除外制度的理论基础、国内外立法状况、主体要件、行为要件，这些探讨的最终目的是服务于我国反垄断法农业适用除外制度的具体改进问题。除此之外，在《反垄断法》之外的其他涉及农业竞争政策、产业政策的立法，如《价格法》《农业法》《农民专业合作社法》等，其是否有必要围绕反垄断法农业适用除外制度的优化发展做出相应的配套改革，也是一个十分重要的问题。因此，本章集中对反垄断法农业适用除外制度的相关改进开展研究，本章共三节：第一节主要探讨反垄断法农业适用除外制度的修正应当坚持何种指导理念；第二节、第三节则是在上述理念的指引下，探讨反垄断法农业适用除外制度的具体改进方案。

第一节 反垄断法农业适用除外制度改进的指导思想：产业法与竞争法之良性互动

一、产业法与竞争法互动的基本理论阐释

在现代市场经济背景下，为了治理市场失灵和促进社会公共利益，产业政策与竞争政策均是常见的国家干预经济形式。一般认为，产业政策是指政府将宏观管理深入社会再生产过程，对以市场机制为基础的产业结构、产业技术、产业组织和产业布局进行定向调控，以实现某种经济和社会目标的一系列政策的总和。[1]而竞争政策则主要是指国家各类促进市场竞争的政策，在这当中，反垄断政策显然是最重要的组成部分。产业政策与竞争政策的基本手段、作用机理及对市场竞争的影响均有较大差别。一般来说，产业政策偏重于国家对某类产业实施直接干预，如推行价格管制、税收优惠、财政补贴等，从而激活该产业的优势，促进其跨越式发展；而竞争政策则偏重于对市场经济秩序的间接调整，政府通常并不直接影响经营者的行为，而是着力于维护竞争秩序本身，寄望于让竞争机制发挥对市场经济参与者的引导和促进作用。进言之，由于产业政策中的某些措施会直接作用于企业本身，以对其直接施加竞争优势的形式推动产业发展，亦即，某些产业政策本质上存在一定的“反竞争”属性，此时，产业政策与竞争政策便有可能发生矛盾，这便产生了如何对二者进行协调的问题。[2]而从国际经验来看，竞争政策通常应被赋予基础性地位，即竞争政策原则上应当优于产业政策，产业政策的实施应当以不违背竞争政策

[1] 史忠良主编：《产业经济学》，经济管理出版社2005年版。

[2] 王先林、丁国峰：“反垄断法实施中对竞争政策与产业政策的协调”，载《法学》2010年第9期。

为基本前提。[1]

产业法和竞争法可以理解为将一国的产业政策与竞争政策分别体系化、法制化的结果。在现代市场经济背景下，根据所处产业部门和经济发展状况的不同，产业法与竞争法的调整范围各有不同，但整体上呈现一个彼此互动、功能耦合的状态。一般来说，如果市场经济中的某一产业并不存在严重市场失灵，市场在资源配置中的决定性地位依然能很大程度发挥作用，政府对此类产业的干预、管制和扶持措施就应当有所节制，应当慎用产业法，而是主要通过实施竞争法的形式，维护本产业的公平竞争秩序，从而使市场竞争机制能自发地发挥调节经济的作用；但是，如果市场经济中的某一产业具有明显的自然垄断或社会公共利益属性，单靠市场经济的调节难以有效发挥作用，就有必要以加强产业法实施的形式，通过政府的直接干预促进该产业的“跨越式”发展，此时，竞争法在该领域的调整范围就会被限缩。在必要时，就会通过反垄断法适用除外制度的形式，明确将该产业的某些领域、某些行为排除在反垄断法调整范围之外。[2]产业法与竞争法的关系即是通过上述逻辑进行冲突的协调与互动，并最终实现功能耦合。[3]

值得注意的是，产业法与竞争法各自的调整范围并非恒定不变的，而是呈现一个彼此互动的趋势，因此，反垄断法适用除外制度的空间也不应当是恒定的。伴随着社会的发展和经济形势的变化，同一类产业市场失灵的状态有可能会在不同历史时期有较大差别，最初存在严重市场失灵的产业可能逐渐克服失灵，市场竞争机制的作用在该产业会逐渐恢复，此时，就有必要实时对产业法与竞争法的关系进行调整，通过放松政府产业管制

---

[1] 孙晋：“国际金融危机之应对与欧盟竞争政策——兼论后危机时代我国竞争政策和产业政策的冲突与协调”，载《法学评论》2011 年第 1 期。

[2] 段宏磊：“中国反垄断法适用除外的系统解释与规范再造”，载《社会科学》2018 年第 2 期。

[3] 冯辉：“产业法和竞争法的冲突与协调”，载《社会科学家》2010 年第 12 期。

的形式，节制产业法的作用，扩大竞争法发挥作用的空间。[1]换言之，产业法与竞争法的理想关系应当是：若市场失灵的程度加强，则产业法的调整范围会扩张，竞争法的调整范围则减少；反之，若市场失灵的程度减弱，则竞争法的调整范围会扩张，产业法的调整范围则应当减少。总体而言，一方面，由于科学技术的进步、交易模式的变化、经济效率的提升等原因通常会唤醒、激活特定产业的市场规律，市场竞争机制的作用呈现逐渐扩张的趋势；另一方面，由于政府直接干预经济时可能会存在信息不对称、管制俘获等问题，通过产业法对市场经济进行的调整，存在"政府失灵"的风险，近年来遭受一定的批评。所以，国际上的主流共识是：产业法的调整范围应当主要呈现缩小的态势，而竞争法的调整范围则应有所扩张，换言之，反垄断法适用除外的范围呈现不断缩小的发展趋势。[2]

二、产业法与竞争法的功能错位：我国反垄断法农业适用除外制度的实施缺憾

与其他一般产业相比，农业的特殊性在于：它提供的商品兼具公共物品和私人物品属性，同时又涉及农业生产者、经销商、消费者以及社会整体等多方的利益纠葛，农业生产经营活动既存在市场机制有效发挥作用的空间，又在流通环节存在明显的市场失灵。农业产业环境的上述特殊性决定：必须综合发挥产业法与竞争法两方面的作用，通过二者的功能耦合。一方面，对上游弱势的农业生产者进行特殊保护，使其免于竞争执法的威慑；另一方面，则将下游强势的农产品经销商纳入反垄断法审查范围，有

---

[1] 刘桂清：《反垄断法中的产业政策与竞争政策》，北京大学出版社 2010 年版，第 64 页。

[2] 持此观点的代表性论述有：[美]霍温坎普：《联邦反托拉斯政策：竞争法律及其实践（第三版）》，许光耀、江山、王晨译，法律出版社 2009 年版，第 783 页；刘桂清：《反垄断法中的产业政策与竞争政策》，北京大学出版社 2010 年版，第 64 页；段宏磊："中国反垄断法适用除外的系统解释与规范再造"，载《社会科学》2018 年第 3 期。

效规制其市场竞争行为。通过上述手段，方能实现农业产业环境的有序竞争与公共利益之维护。

反垄断法农业适用除外制度的功能即在于：它划分了农业产业法与竞争法彼此发挥作用的空间。一方面，农业领域的一系列公共目标难以靠市场有效竞争机制来实现，为确保农业领域的产业扶持和发展、农民利益的倾斜性保护、国家农业安全的维护等公共目标，农业产业法有必要获得一定的优先适用地位，从而为产业政策的实施预留空间，适度压缩竞争法在农业的适用范围；另一方面，农业作为市场经济活动中的必要组成部分，市场规律在这当中并非完全失灵，在农产品的生产、加工、运输、批发、零售的一整套环节中，市场竞争规律依然普遍性地发挥作用，竞争政策不应完全缺席，农业领域的竞争法不应完全让位于产业法。如果农业适用除外制度设计不当，适用除外的范围过宽、过大，就相当于一定程度上令农业产业政策僭越了竞争政策的地位，从而导致农业领域的过度干预和不当干预；反之，如果适用除外的范围过窄、过小，就又会限制农业产业政策发挥作用的空间，令农业市场经营活动过分地暴露在反垄断执法的威慑之下，影响农业领域公共目标的实现。[1]

而从我国反垄断法农业适用除外制度实施的现实状况来看，它却令产业法与竞争法的关系发生了严重的功能错位，这主要体现在以下两个方面。

其一，《反垄断法》第69条对农业适用除外制度规定不清晰，这限制了农业领域正当竞争执法的有效开展。《反垄断法》第69条的一些概念，其内涵和外延均欠缺准确界定，如“农村经济组织”“联合或者协同行为”等，这为该条的适用制造了一定的困境。在反垄断执法实践中，由于反垄断法农业适用除外制度在主体和行为要件上的不清晰性，而该法第69

---

[1] 邱隽思：“农业产业法与竞争法关系的审视与重构——以农业供给侧改革为分析背景”，载《山西农业大学学报（社会科学版）》2018年第1期。

条所规定的所谓“农产品生产、加工、销售、运输、储存等经营活动”这句话又十分显眼，给人农业生产经营活动整体均属于该法第69条调整范围的感觉。整体观之，在不对该法第69条的具体内涵进行精准解释的情况下，该条内容极容易给执法者一种“农业不适用反垄断法”的错觉，即将反垄断法适用除外的领域扩展到有关农产品生产经营活动的所有主体和所有行为。实践中，由于农业产业环境“上游弱、下游强”的固有特征，下游农产品流通商通过缔结垄断协议或滥用市场支配地位的形式限制竞争的行为并不罕见，并在一定程度上实现了对农产品的高价盘剥，侵害了农业领域生产者和消费者的正当利益。但在“农业不适用反垄断法”的错误观念下，我国反垄断执法机构罕见开启对农产品流通领域的反垄断执法，如果存在相关执法，国家发改委也多会通过“向《价格法》逃逸”的形式，通过适用《价格法》来绕开《反垄断法》第69条的掣肘，开展对农产品流通中价格垄断行为的变相执法。

其二，我国针对农业生产者及其经营活动的产业扶持体系不科学、不健全，这使反垄断法农业适用除外制度倾斜保护上游农业生产者的功能定位难以实现。在《反垄断法》之外，我国的《农业法》《农民专业合作社法》以及其他农业产业法规并未建立起体系化、科学化的农业生产者扶持制度，这导致《反垄断法》第69条倾斜性保护上游农业生产者、鼓励其协作和提高议价能力的既定功能发生偏离。本书第三章第二节曾论述过的中国“假合作社”问题即是这方面的典型：以农民专业合作社为代表的农村合作经济组织虽然属于最典型的一类反垄断法农业适用除外主体，但由于在实践的“三农”建设中，政府经常存在“嫌贫爱富”式的扶持措施，亦即，对规模较大、成员较多或GDP贡献量大的合作社存在若干专项的财政补贴、税收返还或其他优待措施，这便激励一些非农业生产者主体通过成立“假合作社”的形式，套取政府补助、税费减免等政策优惠措施。[1]

---

[1] 潘劲：“中国农民专业合作社：数据背后的解读”，载《中国农村观察》2011年第10期。

换言之，由于这些产业扶持体系的不科学、不健全，反垄断法通过将农业生产者的特定行为排除在调整范围之外，进而实现此类主体特殊保护的目的，并未真正实现。恰恰相反，由于针对农产品流通商的反垄断执法长期处于缺位状态，农业产业环境的"上游弱、下游强"特征反而有进一步加强、固化的趋势。

三、产业法与竞争法的功能耦合：我国反垄断法农业适用除外制度的改进目标

我国反垄断法农业适用除外制度的改进必须以产业法与竞争法的功能耦合为基本目标。亦即，通过反垄断法农业适用除外制度精准划分农业产业法和竞争法彼此发挥作用的空间：对于上游农业生产者及其竞争行为，应当主要交由产业法发挥扶持、保护之作用；而对于下游农产品流通商及其竞争行为，则应当主要交由竞争法发挥规范、限制之功能。通过产业法与竞争法的功能耦合，既能对弱势的上游农业生产者进行有效的扶持和倾斜性保护，又能对强势的下游农产品流通商竞争行为开展有效规制，真正实现农业产业发展、有序竞争与公共利益的维护。

通过图 5-1，可以对笔者所倡导的反垄断法农业适用除外制度改进逻辑获得一个整体性的了解。

首先，图 5-1 左侧三列内容揭示了农业产业环境的法律主体类型、行为特征与现存问题。农业生产经营活动主要由上游农业生产者与下游农产品流通商组成，两类法律主体表现出不同的行为特征。一方面，农业生产者抗拒自然灾害与市场风险的能力较低，对农产品流通渠道依赖性强；且当前我国农业生产活动集约化程度低，农业生产者之间的联合、协作能力较差。另一方面，从事农产品运输、批发、零售的流通商则具有较高的经济能力和优势地位；依托于农产品集贸市场、大型超市等销售渠道，流通商集约化程度较高，联合、协作能力更强。这一现状使农业生产者难以

与农产品流通商开展公平竞争，后者易于利用其优势地位限制竞争。由于议价能力不均衡，流通商倾向于压低农产品收购价格，农业生产者受到低价盘剥；同时又在零售环节抬高价格，消费者受到高价盘剥，导致农产品价格不稳定。

其次，图 5–1 右侧二列内容揭示了反垄断法农业适用除外制度改进的整体框架。通过反垄断法农业适用除外制度，农业产业法与竞争法彼此发挥作用的空间得以明晰。一方面，对于上游农业生产者及其竞争行为，应当主要纳入反垄断法适用除外的范畴，由农业产业法律制度予以调整和保障。为了能切实实现对上游农业生产者的倾斜性保护，农业产业法律制度的主要改进路径有二：一为高效率的农产品流通渠道培育制度，即通过培育农产品流通渠道，降低农业生产者对单一流通渠道的依赖性，提高其相较下游流通商的竞争能力，削弱后者的相对优势地位；二为多样化的农业生产者联合组织扶持制度，即通过扶持农业企业、农村集体经济组织、农村合作经济组织等农业生产者联合组织，提高农业生产者的协作能力与议价能力。另一方面，对于下游农产品流通商及其竞争行为，则应当主要由竞争法律制度予以调整和规制。这有赖于《反垄断法》与《价格法》两类制度的组合配套：其一，通过《反垄断法》的改进，明确将农产品流通商的限制竞争行为纳入审查范畴，促进公平竞争；其二，通过《价格法》的完善，针对农产品价格水平建立监测和调节制度，确保农产品价格稳定。

综上所述，通过农业产业法律制度与竞争法律制度的上述联动改进与功能耦合，我国反垄断法农业适用除外制度方能真正发挥其预期功能。由此可见，反垄断法农业适用除外制度的改进绝非仅意味着《反垄断法》第 69 条自身的理解、适用以及修正等问题，而是囊括《价格法》《农业法》《农民专业合作社法》等一整套法律制度的整体改进和完善。本章第二节、第三节将分别从竞争法、产业法的角度，探讨其相关法律制度改进的具体方案。

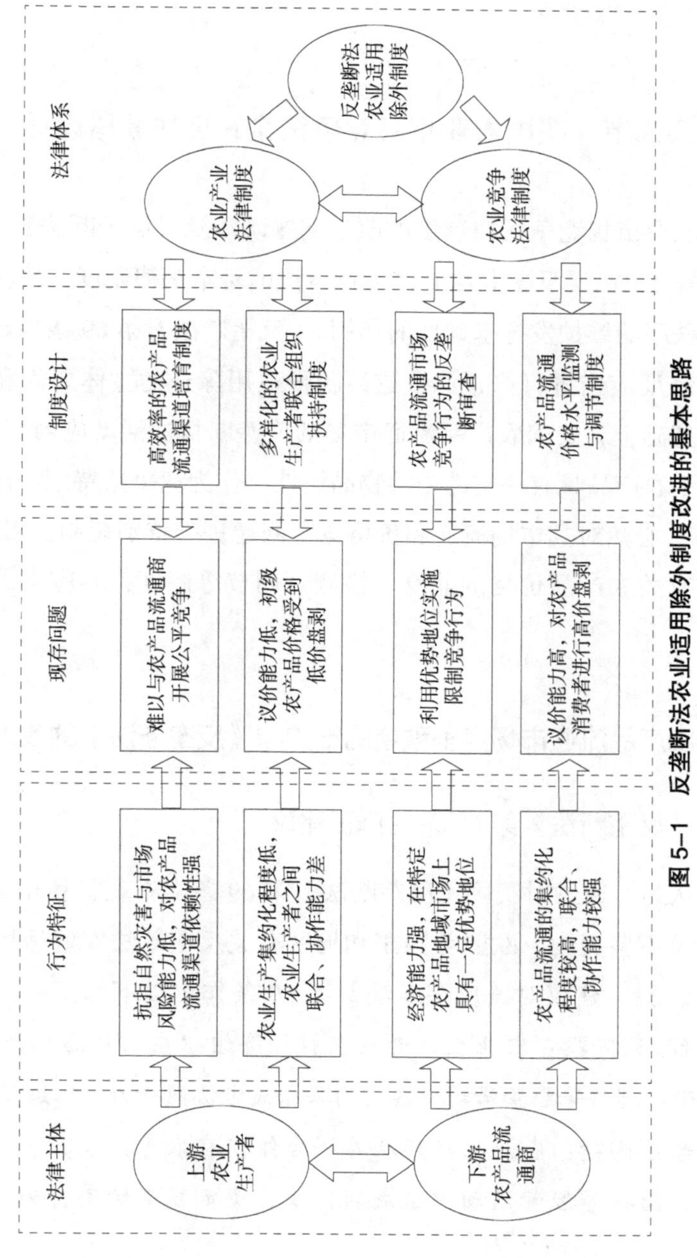

图5-1　反垄断法农业适用除外制度改进的基本思路

第二节 我国农业市场竞争法律制度的具体改进

我国农业市场竞争法律制度的改进问题既涉及《反垄断法》，又涉及《价格法》。首先，《反垄断法》作为竞争法的基本法律制度，理应对农业领域竞争秩序的维护发挥基础性的作用。《反垄断法》第69条规定的农业适用除外制度应当进行修正和改进，明晰适用除外的主体要件和行为要件；在此基础上，我国农产品流通市场的反垄断执法活动应当有序展开。其次，基于农产品具有一定的公共物品属性，作为竞争法特别法律制度的《价格法》，必然对其市场流通和价格竞争问题进行特别规制。因此，《价格法》上有关农产品价格的监管、检测、调节等制度，亦应当做出配套改进。

一、农产品流通市场竞争秩序的维护与《反垄断法》的改进

（一）《反垄断法》第69条的修正建议

笔者认为，通过对我国《反垄断法》第69条实施现状和相关缺陷的总结，以及借鉴美国、欧盟等国家和地区有关反垄断法农业适用除外制度的比较经验，建议对《反垄断法》第69条作出以下修正：

原第69条内容：农业生产者及农村经济组织在农产品生产、加工、销售、运输、储存等经营活动中实施的联合或者协同行为，不适用本法。

建议修正内容：农业生产者及其联合组织在农产品生产、加工、销售、运输、储存等经营活动中达成的协议、决定或者协同行为，不适用本法。

本法所称农业生产者联合组织，是指在农村家庭承包经营的基础上，由农民自愿联合、民主管理，以解决农业生产经营和农村生活中集体性、

互助性需求为主要目的的经济组织，如农村集体经济组织、农村基层群众性自治组织、农村合作经济组织，以及由此类组织和农民联合投资为主成立的各类从事农业生产经营活动的企业组织，如乡镇企业、乡村集体所有制企业。

上述法律修正建议将原《反垄断法》第69条50余字的内容拓展、修正为两款合计200余字内容，其中第一款是对反垄断法农业适用除外制度具体范围的整体规定，第二款是对享有适用除外资格的农业生产者联合组织具体内涵的规定。

《反垄断法》第69条修正建议第一款内容是对反垄断法农业适用除外制度具体范围的整体规定。相较原第69条内容，该修正建议主要调整了以下内容：其一，在农业适用除外主体要件方面，以“农业生产者及其联合组织”的说法取代了原“农业生产者及农村经济组织”的表述；其二，在农业适用除外的行为要件方面，以“协议、决定或者协同行为”取代了“联合或者协同行为”的表述。之所以做此调整，是因为现行《反垄断法》第69条使用的相关词语的具体内涵和外延不太清晰，导致反垄断法农业适用除外制度的具体范畴存在不确定性。

本书第二章第二节已述，现行《反垄断法》第69条所使用的“农村经济组织”是一个外延不太清晰的法律主体，在其他与农业有关的政策法规中，也并不存在所谓“农村经济组织”的主体类型。在我国其他农业立法中，存在类似于农业生产经营组织、农村集体经济组织、农村基层群众性自治组织、农村合作经济组织等相关法律主体，但唯独不存在一个具体范围不明确的所谓“农村经济组织”。实践中，不同学者也对此做出了具体范围并不统一的理解。而结合反垄断法农业适用除外制度的域外经验来看，欧盟、美国、日本、韩国均不同层面倾向于赋予一些农业生产者的联合组织反垄断法适用除外资格；从现实情况来看，以农民专业合作社为代表的各类农业生产者联合组织确实在促进农民协作、拓展农产品流通渠道、降低农产品经销成本等方面发挥着重要作用。因此，基于此种考虑，一方面，笔者建议以“农业生产者及其联合组织”替代“农业生产者及农村经济组织”的说法；另一方面，为进一步明确主体要件的基本范畴，又单列第二款内容对所谓“农业生产者联合组织”的具体内涵和外延进一步做出解释说明，旨在消弭我国反垄断法农业适用除外制度主体要件不明确的缺陷。

除了“农村经济组织”存在内涵不清晰的问题之外，现行《反垄断法》第69条的“联合或者协同行为”具体指向哪几类限制竞争行为亦不明确。根据《反垄断法》的整体体例设计，除行政性垄断之外，受到该法规制的限制竞争行为包含垄断协议、滥用市场支配地位和经营者集中三类，并不存在一类单独的“联合或者协同行为”，这导致反垄断法农业适用除外制度的行为要件亦存在不确定性。结合“联合或者协同行为”的基本语义，以及欧盟、美国等国家和地区的反垄断法农业适用除外制度的实施经验来看，农业适用除外的适格行为范畴应当主要是指垄断协议，而不包含滥用市场支配地位和经营者集中两类限制竞争行为。而在我国《反垄断法》第16条对垄断协议的概念界定中，垄断协议是指“排除、限制竞争的协议、决定或者其他协同行为”。因此，在笔者所设计的修改建议中，直接以“协议、决定或者协同行为”替代了“联合或者协同行为”的表述，从而使反垄断法农业适用除外的行为要件被明确为垄断协议范畴。

《反垄断法》第69条修正建议第二款内容是对享有适用除外资格的法律主体“农业生产者联合组织”具体内涵的进一步解释。依照本书第三章的相关分析，一个理想的反垄断法农业适用除外制度应主要赋予以下三类农业生产者联合组织适用除外资格：第一类是完全由农民组成的，当然代表农民集体利益的，以解决农业生产者集体性需求或农村其他公共利益需求为主要职能的公共组织，比如农村集体经济组织、农村基层群众性自治组织，以及现实中以村民小组、村生产大队、农村公社、村民委员会等名义存在，事实上承担着集体经济组织或群众性自治组织的农村社会组织；第二类是以农民为主要成员组成的，虽存在一定的非农村社会资本或社会成员，但以满足农业生产者互助性利益需求为主要功能的经济组织，即农村合作经济组织；第三类是成员以农民、农村集体经济组织或其他农业生产者为主，但亦存在其他社会资本的社会经济组织，组织以农业生产经营活动为主要业务，同时也在落实国家农业产业政策方面具有公共职能，如农业企业、乡村集体所有制企业等。除上述三类经济组织之外，其他一些在名称上包含"农民""农村""农业"等词汇，虽具有一定的涉农公共服务职责，但不属于农业生产者联合组织的经济组织，如国营农场、农业行业协会、农村商业银行、村镇银行等，则均应当排除在反垄断法适用除外主体资格之外。[1]

因此，综合上述考虑，第69条修正建议第三款内容将农业生产者联合组织的概念表述为："在农村家庭承包经营的基础上，由农民自愿联合、民主管理，以解决农业生产经营和农村生活中集体性、互助性需求为主要目的的经济组织，如农村集体经济组织、农村基层群众性自治组织、农村合作经济组织，以及由此类组织和农民联合投资为主成立的各类从事农业生产经营活动的经济组织，如乡镇企业、乡村集体所有制企业。"

（二）农业领域反垄断法执法的有效展开

在对我国《反垄断法》第69条进行有效修正的前提下，反垄断法农

---

[1] 值得注意的是，依照本书第三章第三节对农业行业协会的分析，这类主体是否具有适用除外主体资格，不可一概而论。现实中，中国的农业行业协会成员身份极度复杂，虽亦存在主要由农业生产者、农业企业、农民专业合作社等作为会员组成的行业协会，但在很多情况下，各类农产品流通商也会组建各类农业行业协会。会员身份的复杂性使农业行业协会的反垄断法适用除外主体资格难以一概而论：当农业行业协会主要反映农产品流通商的利益需求时，它就不太适合赋予其适用除外主体资格。另外，在很多情况下，依托于农业行业协会所缔结的垄断协议，其主体也具有一定的复杂性。并不见得所有行业协会的成员都会参与缔结协议，而是有可能仅仅是其中一部分成员。因此，笔者认为，关于农业行业协会的适用除外资格，不适宜由《反垄断法》第69条直接明确，而是在实践中相机抉择：如果依托行业协会缔结的垄断协议主体全部属于农业生产者或其联合组织，那么此行为显然属于《反垄断法》第69条第一款修正建议中"农业生产者及其联合组织"实施的行为，则显然不适用《反垄断法》；而如果依托行业协会缔结垄断协议的主体包含非农业生产者及其联合组织成员，则显然仍应受到《反垄断法》的调整。

业适用除外制度的具体范畴得以进一步明晰，农业领域产业法和竞争法彼此的调整范围和边界也得到明确，反垄断执法机构将不再以扩张式的逻辑理解第 69 条，“农业领域完全不适用《反垄断法》”的错误理解也将得以纠正。在此条件下，我国农业领域反垄断执法的有效展开依托于以下两方面的路径：其一，通过制定执法指南和相关主管部门协作的形式，健全农业领域反垄断执法机制；其二，通过识别农产品流通领域限制竞争行为基本表现和危害的形式，明确农业领域反垄断执法的实施重点。

1. 农业领域反垄断执法机制的健全

首先，为了进一步明确农业领域反垄断执法的边界，建议我国的反垄断执法机构会同农业主管部门制定“关于农业领域反垄断执法的指南”。[1]该执法指南至少应当明确以下两方面的问题。其一，进一步对《反垄断法》第 69 条规定的农业适用除外的具体范围进行明确，明晰反垄断执法的边界。尤其是对于以下两类在界定适用除外地位时存在复杂性的情形，指南应当建立科学、精细的识别其是否具有适用除外资格的相关标准：第一类是一些成员复杂的农业生产者联合组织，如包含一定非农业生产者主体，存在“假合作社”或“空壳合作社”嫌疑的农村合作经济组织；第二类是由农业生产者或其联合组织与农产品流通领域的其他经营者共同缔结的纵向垄断协议。[2]其二，为在农产品生产、加工、销售、运输、储存等经营活动中相关经营者主体的竞争行为提供合规指引，提示其各类市场竞争行为可能违反《反垄断法》的风险程度，提高农业生产经营活动中各类

[1] 我国学界已有类似建议，参见孟雁北、杨东霞等：“我国农业领域反垄断适用除外制度研究”，见中国农业经济法研究会、农业部管理干部学院编：《农业法律研究论丛（2011）》，法律出版社 2011 年版。

[2] 对于这两类情形，应当根据具体情况的不同，相机抉择是否确定其具有反垄断法适用除外资格，“关于农业领域反垄断执法的指南”在对此部分内容进行规定时，应参考本书在第三章第二节、第三章第三节的相关论述，此处不再赘言。

经营者行为的可预期性，引导其相关行为促进市场有效竞争。[1]

其次，鉴于农业领域市场竞争问题的特殊性，为了能进一步促进农业反垄断执法、农业产业政策以及农产品价格执法之间的协调与互补，建议负责农业产业主管的农业农村部、负责反垄断执法的市场监管局、负责物价问题的发改委之间，建立起充分的执法协调与合作机制，从而促进彼此之间的执法信息交流与政策协调。[2]

2. 农业领域反垄断执法的实施重点

依托于《反垄断法》第69条所建立的明确的农业适用除外范围，农业领域的反垄断执法应当在该法第69条范围之外的农业竞争市场上有序开展。整体而言，结合近年来我国农产品市场的现实情况来看，笔者认为，农业反垄断执法应当主要聚焦于农产品流通市场上经销商可能实施的若干限制竞争行为。

实践中，农产品流通商的以下三类限制竞争行为应当成为反垄断执法的关注重点：其一为农产品的价格类纵向限制，即农产品流通商利用其相对优势地位或市场支配地位，与依靠其供销渠道的农业生产者或农村经济组织缔结协议，或者直接强迫其接受不公平的交易条件，以不公平的低价收购农产品，然后以较高的转售价格售于下游农产品零售商，或直接售于消费者，获取较高的垄断高价利润；其二为农产品流通商利用其相对优势地位或市场支配地位实施的非价格类纵向限制，比如，要求农业生产者或其他供货方进行独家供货、独家储存或提供独家物流，或限定农产品的交易相对人，从而强化其在农产品流通渠道的优势地位；其三为巧立名目，利用农业生产者对其提供的供货渠道的依赖性，强迫收取各类“上架

---

[1] 这一过程被称为对经营者的“竞争倡导”（competition advocacy），即通过出台指南、为企业提供合规指引等非正式的竞争执法方式，促进经营者的行为是符合反垄断法基本要求的，降低其违法风险、改善竞争环境。参见张占江：“竞争倡导研究”，载《法学研究》2010年第5期。

[2] 孟雁北、杨东霞等：“我国农业领域反垄断适用除外制度研究”，见中国农业经济法研究会、农业部管理干部学院编：《农业法律研究论丛（2011）》，法律出版社2011年版。

费”“摊位费”“管理费”等，若供货方拒绝缴纳，则拒绝为其提供农产品流通渠道。基于农业生产经营活动对自然条件、物流条件和供货渠道等的依赖性，农业生产者对粮食储备库、农产品批发市场、集贸市场、大型超市等流通渠道的依赖性极强，上述三类限制竞争行为在这些农产品流通市场上的发生概率更高，应当成为反垄断执法的工作重点。

二、农产品价格竞争的规制与《价格法》的改进

在《价格法》的制度框架下，我国农产品流通市场上的价格竞争行为存在两类法律规制路径：第一类是对经营者价格竞争行为的直接监管，这主要体现为《价格法》第14条对一系列经营者不正当价格行为的规制，这实际上是在《反垄断法》《反不正当竞争法》等基础性的竞争法律制度之外，通过《价格法》对价格限制竞争行为、价格不正当竞争行为所做的特别规定；第二类是对市场价格水平的监测与调节制度，这主要体现为《价格法》第四章对“价格总水平调控”的规定，即对于一些涉及民生问题与公共利益的市场价格水平进行检测、调节和干预，防止因价格恶性竞争而产生物价过度波动等问题。由于农产品兼具私人物品与公共物品属性，对其价格竞争的规制需要将上述两类路径有效结合起来，从而与反垄断法农业适用除外制度实现功能互补。

（一）农产品流通市场不正当价格行为的规制改进

《价格法》第14条规定了一系列经营者不得实施的不正当价格行为，这些不正当价格行为的法律性质各有差异，有的与《反垄断法》中的价格垄断行为相近似，有的则与《反不正当竞争法》中的不正当竞争行为相近似。虽然《价格法》第14条的规定与《反垄断法》所规制的价格垄断协议存在竞合，但两部法律所遵循的规制逻辑存在明显的差别：对《反垄断法》而言，对价格垄断行为遵循的是“行为＋协议＋危害后果”的规制

逻辑；但对《价格法》而言，对上述价格违法行为遵循的则是“唯行为论”的规制逻辑，亦即，只要经营者实施了违法行为，即已然构成了《价格法》第14条的查处标准。比如，《价格法》第14条第1款、第3款分别规定，对于相互串通，操纵市场价格，损害其他经营者或者消费者的合法权益的行为，以及捏造、散布涨价信息，哄抬价格，推动商品价格过高上涨的行为，均属违法行为。但根据《反垄断法》第二章有关价格垄断协议的规定，经营者不仅要对价格存在串通或哄抬的行为，这种行为必须达到构成垄断协议的力度，而且，经营者实施的相关行为还必须没有正当理由，且对市场竞争存在排除、限制竞争的效果，才有必要受到查处。再如，《价格法》第14条第2款、第5款、第6款分别规定了掠夺性低价、歧视性定价、不正当高价或不正当低价等均属价格违法行为。但根据《反垄断法》第三章有关滥用市场支配地位的规定，这些价格垄断行为违法的前提必须是经营者具有市场支配地位，且实施相关的行为不具有正当理由，《价格法》第14条缺乏对相应要件的规定。概言之，系统比对《价格法》和《反垄断法》的相关规定就会发现，执法者适用《价格法》的举证成本明显更低。

因此，相较《反垄断法》第二章的相关规定，《价格法》第14条的规定涉嫌对执法者授权幅度过大，如果片面依据该条，将可能造成对市场价格规律的干涉乃至破坏。在价格执法实践中，发改委和其他地方物价管理机构也意识到了这个问题，所以针对一些社会影响较小、靠市场竞争能够自发调节的商品价格问题，通常不会严苛依据《价格法》第14条进行查处。但是，与其他商品相比，一些重要农产品，如粮、蛋、肉等，事关社会民生问题，社会公众对此类农产品价格波动的敏感性更强，在实践中，《价格法》第14条经常会成为查处农产品价格垄断行为的法律依据。借助《价格法》第14条，我国建立了十分严苛的农产品价格管制体系，从而一定程度上规避了现行《反垄断法》第69条有关农业适用除外的规定，发生了“向《价格法》逃逸”现象。

但是，依据《价格法》第 14 条所建立的中国农产品价格管制体系，也令反垄断法农业适用除外制度一定程度上陷入尴尬。从执法者角度而言，《价格法》第 14 条的适用其实比《反垄断法》第二章有关价格垄断协议的相关规定要更“方便”，执法者仅需证明存在相应的价格违法行为即可，而不须证明存在垄断协议以及协议的排除、限制竞争效果，这也正是执法机构存在“向《价格法》逃逸现象”的动因所在。但这一现象同时也令反垄断法农业适用除外制度“形同虚设”：如果随时可以选择依据《价格法》第 14 条开展对农产品流通领域的执法，那么不论《反垄断法》第 69 条如何设计农业适用除外的具体范围，它都会在现实中被执法者规避掉。这便令我国农产品流通领域的竞争执法陷入“冰火两重天”的境遇：对于价格垄断案件，由于存在《价格法》第 14 条的“方便法门”，执法者可以轻易地开展严苛执法，绕过《反垄断法》第 69 条的相关规定；而对于非价格垄断案件，却又由于执法者倾向于扩张解释《反垄断法》第 69 条的缘故，难以开展有效执法，导致对一些农产品流通商实施的限制竞争行为欠缺有效威慑。

《价格法》于 1998 年开始实施，彼时，我国尚不存在对价格垄断行为进行系统规制的《反垄断法》，而规制各类价格不正当竞争行为的《反不正当竞争法》实施机制也不成熟。在这一条件下，当时的《价格法》第 14 条对查处各类价格违法行为的规定其实发挥了非常重要的历史作用。但是，在《反垄断法》已于 2008 年开始实施、《反不正当竞争法》也于 2017 年经历大修的当下，市场竞争立法已然较为科学和体系化，针对经营者实施的各类价格违法行为，已经建立了比较系统的规制框架，《价格法》第 14 条的规定已经显得有些不合时宜。

笔者建议，在未来《价格法》的修正活动提上日程时，可考虑直接删除《价格法》第 14 条。亦即，对于农产品市场上有关串通操纵市场价格、捏造或散布涨价信息，哄抬价格，推动商品价格过高上涨等行为，直接依照相关竞争法律制度进行调节。如果属于反垄断法适用除外制度的范畴，则不予查处；如果不属于反垄断法适用除外制度的范畴，则应当直接依照有关查处垄断协议或滥用市场支配地位行为的相关标准予以规制。《价格法》已没有必要再单独设置与《反垄断法》执法标准不一的价格监管体系。

（二）农产品流通价格水平监测与调节制度的完善

农产品具有浓郁的公共物品属性，相较其他一般商品，社会公众对农产品的价格水平极为敏感，农产品价格如果在短期内波动过大，通常会成为重要的公共议题。针对这类事关社会民生的商品，政府除了进行直接的价格监管活动外，还应当在必要时，通过一些间接、宏观的手段对价格进行监测、引导、调节。比如，政府对一些重要商品进行储备，在出现供求矛盾时，可以通过释放储备商品的形式，调节市场价格水平；再如，在一些特殊条件下，通过设置差价率或利润率、规定限价、实行提价申报和备案制度、设置政府指导价等干预措施，等等，实现有效的价格调控和干预。在农业领域，这些针对农产品流通价格水平的监测与调节制度十分常见，在农产品价格短期内发生重大波动时，单纯的竞争执法可能无法有效控制农产品价格，此时，这些针对价格总水平的调节制度即能有效发挥功能。

但是，针对基础农产品价格问题，我国目前并未建立起成熟的价格水平监测与调节制度体系。根据《价格法》第四章有关政府的“价格总水平调控”的相关规定，常见价格监测与调节手段包括重要商品储备制度、重要商品价格变动监测制度、农产品收购价保护制度，等等。[1] 在这当中，除《价格法》第29条规定了针对重要农产品收购实行保护价格的制度以外，并未对农产品的价格调节做其他任何特殊规定。在2019年秋季，我国即发生了由猪肉价格上涨引发的农副产品连锁式价格上涨事件，由此凸

---

[1] 参见《价格法》第27～31条。

显我们在农产品价格稳定法律机制层面的诸多不足。[1]事实上，我国近年来之所以多次以扩张适用《价格法》第 14 条的形式，在农产品、食品领域查处各类情节轻微的所谓“价格违法行为”，也与在农产品价格水平调控方面的能力不足有关。[2]因此，有必要针对农业产业的特殊性和社会需求，设置一系列有关重要农产品的价格监测、供求调节、风险防范机制，在顺应市场价格规律的前提下，有效确保农产品价格水平的整体稳定，谨防价格波动和严重上涨。

另外，考虑到农产品价格短期异常波动对民生问题的严重影响，国家市场监管总局应尽快出台在市场价格异常波动时期针对农产品流通领域价格违法行为的特别规制方案。事实上，早在 2010 年我国农产品价格波动时期，国家发改委即表示在研究制定《关于市场价格异常波动时期价格违法行为处罚的特别规定》，[3]后来还制定了该规定的草案，向社会公开征求意见。但是，该规定最终不了了之，并未正式公布和实施。在 2013 年我国蔬菜价格波动时期，国家发改委也曾联合商务部出台《关于保障当前蔬菜市场供应和价格基本稳定的通知》（发改电〔2013〕266 号），就蔬菜流通成本的控制、蔬菜储备的投放、价格信息的监测等问题进行了规定。我国应当在这些实践经验的基础上，尽快出台相关规则，切实促进农产品流通市场竞争秩序的维护和价格水平的稳定。

---

[1] “央视网评：猪肉价格飙升暴露了哪些短板？”载 http：//news.sina.com.cn/s/2019-09-02/doc-iicezzrq2946314.shtml，2020 年 2 月 1 日最后访问。

[2] 在食品领域价格执法过度的一个典型例子是 2019 年 10 月的贵州牛肉粉、羊肉粉涨价事件。有关该案的进一步介绍可参见：“贵州牛肉粉涨价被约谈，媒体：对一碗粉进行粗暴限价完全走错了方向”，载 https：//new.qq.com/omn/20191022/20191022A04K5V00.html，2020 年 2 月 1 日最后访问。

[3] “国家发展改革委、商务部、国家工商总局有关负责人就加强农产品市场监管工作答记者问”，载 http：//www.ndrc.gov.cn/zcfb/jd/201007/t20100701_503265.html，2020 年 2 月 1 日最后访问。

第三节　我国农业产业法规体系的配套改革

反垄断法农业适用除外制度的完善不仅需要在竞争法律制度层面的相关制度修正，更需要调动农业产业法规体系的各方面机制予以配套改革，从而更好地促进反垄断法农业适用除外制度发挥功能。这主要包含两个方面：其一为完善高效率的农产品流通渠道培育制度；其二为构建多样化的农业生产者联合组织扶持制度。

一、高效率的农产品流通渠道培育制度之完善

（一）农产品流通法律制度的现状及问题

我国《农业法》第四章对农产品流通法律制度进行了基本规定。根据相关规定，农产品流通体系原则上进行市场调节，但国家通过以下几类手段对农产品流通法律制度进行有效干预和保障：其一，国家针对重要农产品建立中央和地方分级储备调节制度，从而有效地对农产品的总量供应和价格稳定发挥调控；其二，国家通过制定农产品批发市场发展规划的形式，促进农产品流通的持续性发展，并对农民、农村集体经济组织、农村合作经济组织建立农产品批发市场、集贸市场，开拓其他多样化农产品流通渠道进行有效扶持，从而降低农产品流通成本，缩短农产品从生产端到消费端的距离；其三，国家通过完善农产品仓储运输体系、保障农产品运输渠道和降低运输成本的形式，促进农产品流通成本的节制。[1]这些农产品流通法律制度实施的目的在于拓展农产品流通渠道、降低农产品流通成本，从而能适度扭转农业市场“上游弱、下游强”的结构性问题，提高农业生产者的议价能力和组织

---

[1] 参见《农业法》第26～28条。

能力。高效率的农产品流通法律制度的有效制定、改进和实施，可以与反垄断法农业适用除外制度实现有效的功能组合，共同促进农业市场的产业发展、竞争优化和农产品稳定供应等公共目标的实现。

从《农业法》第四章的上述相关立法情况来看，在对农产品流通渠道的制度供给中，"秩序"和"效率"是两大重要目标，亦即，既要确保对农产品流通安全、稳定等秩序的维护，又要通过丰富流通路径、降低流通成本等形式促进农产品流通渠道的有效竞争。但在实践中，伴随着食品安全、消费者保护、公共安全保障等问题在地方政府治理实践中权重的提高，对农产品流通秩序的维护逐渐超越了对效率的追求，成为地方政府在建设和发展农产品流通市场时的最高目标。在很多情况下，政府会倾向于以降低农产品流通效率的形式来进一步确保安全、稳定、秩序等目标。比如，在一些农产品供应充分、农产品流通市场竞争强的地区，本来有条件设置更多数量的农产品集贸市场以促进其有效竞争，但政府为了方便管理农产品市场秩序、强化控制农产品质量与食品安全，就会更倾向于提高农产品集贸市场的设立门槛、减少集贸市场的数量，通过人为建设几个数量较少、规模较大的农产品集贸市场的形式，方便对农产品质量与安全进行集中管理，这种方式实际上就会一定程度上限制农产品流通渠道的多样化和低成本化，制约其有效竞争。前文已述，反垄断法农业适用除外制度的功能定位之一即是适度缓解农产品流通市场上常见的"上游弱、下游强"问题。但在地方政府对农产品流通渠道的前述管理方式中，反而会一定程度消解农产品流通渠道的多样化和低成本化，从而"对冲"反垄断法农业适用除外制度的应有功能。

（二）农产品流通渠道培育法律制度的改进方案

笔者认为，必须依托《农业法》第四章有关农产品流通市场规定的完善，促进农产品流通环节的竞争优化，以实现农业产业法与竞争法的有效功能组合。

第一，《农业法》第四章的相关规定应进一步细化与调整。从法律条文的章节体例来看，《农业法》第四章名为“农产品流通与加工”，除涉及农产品流通市场的法律保障问题之外，还一并对农产品加工、进出口贸易问题进行了相关规定。但本章内容其实仅包含5条，这就令相关规定极为简略和原则化，难以有效实施；[1]而从法律制度的功能定位来看，在农产品加工与进出口贸易制度的设置中，对“安全”“秩序”予以考量的权重更大，这势必影响农产品流通法律制度的相关设计，进一步侵袭后者在促进流通渠道多样化、低成本化等有序竞争的功能定位。因此，可以考虑将上述三类制度在体例上进行区分，单设一章仅对农产品流通法律制度进行规定。在基本内容上，应设置专门条款对现行《农业法》第27条第1款规定的“统一、开发、竞争、有序的农产品市场体系”进行补充说明，强化其实施手段、保障措施和法律责任等问题。对于该条规定的“对农村集体经济组织和农民专业合作经济组织建立农产品批发市场和农产品集贸市场，国家给予扶持”之条款，也应当设置明确的实施方案、扶持标准和保障机制。对《农业法》第28条规定的“国家鼓励和支持发展多种形式的农产品流通活动”，也应当进一步列明“多种形式”所包含的具体渠道、内容及其相对应的保障措施。总体而言，促进中国农产品流通有效竞争的基本原则是，打破长期以来存在的“农户—收购商—批发市场—零售商—消费者”这种多环节、长链条的流通模式，减少农产品分销环节，促进“农超对接”“农产品电子商务直销”等多样化新型模式的发展，[2]减少农产品价格被中间商盘剥的比例，促进农产品流通效益的提升。

其二，应明确农产品流通市场管理制度的公平竞争审查措施。公平竞争审查制度确立于2016年，它是指行政机关以及法律法规授权的具有管理公共事务职能的组织在制定有关市场准入、产业发展、招商引资、招标

---

[1] 《农业法》第四章包含第26～30条，共5条内容，其中第26～28条规定了农产品流通制度，第29条规定了农产品加工制度，第30条规定了农产品进出口贸易制度。

[2] 薛建强:《中国农产品流通模式比较与选择研究》，东北财经大学2014年博士学位论文，第28页。

投标、政府采购、经营行为规范、资质标准等涉及市场主体经济活动的规章、规范性文件和其他政策措施时，应当评估对市场竞争的影响，防止排除、限制市场竞争。经审查认为不具有排除、限制竞争效果的，可以实施；具有排除、限制竞争效果的，应当不予出台或者调整至符合相关要求后出台；未经公平竞争审查的，不得出台。[1]如今，公平竞争审查制度已在各地区开展有效实施，但与其他更为重要的产业相比，针对农产品流通市场上政策措施的公平竞争审查一直未受到应有的关注。实践中，地方政府针对农产品批发市场、集贸市场等流通场所的管理规定存在过于严苛的问题，以至于有可能对市场产生一定的限制效果，如果能通过公平竞争审查制度对相应的管理规范进行评估和修正，将在一定程度上促进各类农产品流通渠道的良性发展。建议在未来修正《农业法》时，对促进、完善各类农产品流通市场的有序竞争制定基本规范，并对其应当实施公平竞争审查作出原则性的规定。

二、多样化的农业生产者联合组织扶持制度之构建

（一）我国农业生产者联合组织立法的现状与问题

实践证明，农业生产者的各类联合组织在提高农业生产者组织能力、议价能力等方面具有无法取代的重要作用。但是，我国目前有关“三农”问题的政策法规并未建立各类农业生产者联合组织的有效扶持体系。根据本书第三章的相关论述，我国享有反垄断法适用除外主体资格的农业生产者联合组织主要有以下三类：第一类是由农民组成，以解决农业生产者集体需求或农村其他公共利益需求为主要职能的公共组织，如农村集体经济组织、村民委员会、村民小组等；第二类是主要由农业生产者或农村经济组织组成或投资设立的，以农业生产经营活动为主要业务，同时在落实国

---

[1] 参见《公平竞争审查制度实施细则（暂行）》第2条。

家农业产业政策方面具有一定公共职能的经济组织，如乡镇企业、乡村集体所有制企业等；第三类是由农业生产者及其联合组织作为主要成员组成的农村合作经济组织，如农民专业合作社。在这三类农业生产者联合组织中，除第二类中的乡镇企业、乡村集体所有制企业具有较明确政策法规依据之外，[1]其他两类组织的立法均存在严重不足。

笔者认为，在农业生产者的各类联合组织中，农村集体经济组织与农村合作经济组织对于提高农业生产者协作能力、发掘高效率的农产品流通渠道、维护农民实际利益的功能最为明显，但是，我国目前对这两类经济组织的立法存在严重疏漏。《民法典》在“法人”一章单设“特别法人”一节对农村集体经济组织、农村合作经济组织的法人地位进行了原则性规定，但是，这些简单的规定仅明确了其法人资格、法人类型的问题，对其具体的内部组织、运行规则、基本职能等，均欠缺有效的制度指引。

首先，我国农村集体经济组织立法缺位。农村集体经济组织作为依托于农村土地集体所有制基础上的经济组织，它是最当然的代表农民集体利益需求的联合组织，在农村基层治理中发挥重要作用。但是，我国目前并未对农村集体经济组织进行专门立法，实践中，部分地区的农村基层群众性自治组织（村民委员会）发挥着一些类似于农村集体经济组织的作用，但由于我国的基层群众性自治组织立法亦是缺位的，这一现象也欠缺明确的立法保障。换言之，农村集体经济组织的内部结构、运行规则、基本职能等，均欠缺有效的制度保障和政策扶持。

其次，我国农村合作经济组织立法存在明显缺憾。我国虽然制定了专门的《农民专业合作社法》，但该法在农村合作经济组织的制度保障上依然存在相应问题，单靠《农民专业合作社法》难以建立科学化的农村合作经济组织法律保障体系。其一，《农民专业合作社法》存在调整对象过于

[1] 《乡镇企业法》自1997年1月1日起即开始实施；而《乡村集体所有制企业条例》自1990年7月1日起即施行。另外，农业生产者也可以直接依照《公司法》，以股份制的形式成立从事农业生产经营活动的公司制企业。

狭隘的问题。依照该法第 2 条的规定，该法所调整的农民专业合作社实际上只是在农业生产销售领域开展互助合作的经济组织，它并无法涵盖其他类型的农村合作经济组织，如针对农业生产的信贷需求开展互助合作的农村信用合作社，即不属于该法的调整范围。在国家金融政策主要倾向于将信用合作社改组为农村商业银行的背景下，农民若自发开展互助性的金融合作，其成立的信用合作社将面临无法可依的尴尬；另外，按照国务院对我国供销合作社的改革规划，其未来的改革方向也是逐渐消除其计划经济时代携带的行政干预属性，向真正的农村合作经济组织改革，若未来实现了这一改革规划，我国的农村供销合作社也将面临无法可依的问题。概言之，《农民专业合作社法》并不是农村合作经济组织的“基本法”，仅是农民专业合作社这一类合作经济组织的“特别法”。其二，正如本书第三章第二节所述，《农民专业合作社法》虽然通过限定合作社非农业生产者的比例、为出资额较大成员的附加表决权设置上限，严格限制在按照出资比例分配盈余等形式保持合作社的互益性、人合性，防止其完全异化为社会资本的逐利性与资合性，但由于该法并未设置与之相匹配的监管制度，导致实践中出现了各类难以有效控制的“假合作社”“空壳合作社”等问题。其三，实践中地方政府对农民专业合作社所设置的扶持政策存在“嫌贫爱富”的问题，对规模较大、成员较多或 GDP 贡献量大的合作社所设置的倾斜性扶持政策过多，这进一步激励了众多非从事农业生产的经营者通过组建“假合作社”的形式来套取国家政策优惠和财政补贴。

（二）农业生产者联合组织扶持制度的具体构建方案

反垄断法农业适用除外制度设置的目的在于鼓励农业生产者之间达成联合，从而提高在农产品流通过程中的议价能力。而我国各类农业生产者联合组织的扶持政策存在明显的缺憾，这一定程度上抑制了《反垄断法》第 69 条既定功能的发挥，导致其既定目标难以有效实现。因此，在对《反垄断法》第 69 条进行修正之外，也有必要通过完善相关政策法规的形式，对农村集体经济组织、农村合作经济组织等典型的农业生产者联合组织予以有效的培育和扶持。

首先，我国应该尽快制定“农村集体经济组织法”。农村土地集体所有制是我国的基本经济制度之一，而农村集体经济组织则是确保该制度有效运行的基本组织保障，农村集体经济组织立法的缺失，使此类经济组织一直面临体制不顺畅、产权不明晰、地位不明确等问题。因此，应尽快制定“农村集体经济组织法”，赋予农村集体经济组织完整的法人权能、构建规范的法人治理结构，并对农村集体经济组织成员的资格、权利和义务进行明确规定，并对其与农村基层群众性自治组织、其他所属农村集体企业之间的关系予以明确，从而在法律层面确立农村集体经济组织运行的基本制度依据。[1]

其次，我国应当在《农民专业合作社法》立法经验的基础上，对其改进、修正和扩充，并在此基础上制定“合作经济组织法”。当前的《农民专业合作社法》堪称我国最系统、最全面的农村合作经济组织立法，该法在鼓励农业生产者联合、发掘多样化和低成本的农产品流通渠道等方面发挥了重要作用。但是，《农民专业合作社法》依然存在调整范围过窄、对“假合作社”监管不足等问题。实践中，一些严格依照合作经济组织原则组织和运行的农村信用合作社、农村供销合作社等其他合作社类型，也面临无法可依的尴尬；另外，伴随着我国农村发展的实践进程，也不排除在未来会产生新的合作经济组织类型。当然，在现代市场经济背景下，“很多新型合作社都是伴随着实践需求逐渐产生和发展的，如果按照‘有一类合作社，就有一部合作社单行立法’的逻辑设计立法体例，就会对实践中

---

[1] 袁以星、侯廷永、张建官：“《农村集体经济组织法》的立法问题研究”，见中国农业经济法研究会、农业部管理干部学院、农业部产业政策与法规司编：《农业法律研究论丛（2015）》，法律出版社2015年版。

产生的新型合作社立法回应十分被动和消极”。[1]因此，比较理性的做法是，在《农民专业合作社法》既有的立法经验基础上，将其调整对象予以扩充，使其成为可以统辖各类合作社的“合作经济组织法”，该法应当既包含合作经济组织的一般规定和基本规定，又包含实践中各类合作经济组织的特别规定。为了防止实践中出现“假合作社”的问题，统一的“合作经济组织法”要为合作社的内部治理规则建立与之相匹配的监管体系，谨防实践中出现通过组建“假合作社”或“空壳合作社”来套取政府扶持优惠的情形。

笔者认为，未来我国的“合作经济组织法”应当主要由以下三部分内容组成。[2]第一部分为合作经济组织的一般规定，该部分内容是对《民法典》中有关合作经济组织法人规定的具体化，通过该部分内容，可以确保合作经济组织在功能定位上的互益性和自治性、组织规则上的民主性和人合性。第二部分为合作经济组织的基本规定，该部分内容要吸收当前《农民专业合作社法》中被实践证明有效的立法经验，使其成为各类合作社通用的法律规则。可以适度借鉴《美国凯普沃斯蒂德法》的有效经验，分设“资格股”与“投资股”，前者均等入资、一人一票；后者则可以提高投资数量，依照持股比例分配盈余，但不享有更多表决权，盈余分配上不能超过“回报率 8%”标准的限制。第三部分为各类合作经济组织的特别规定。该部分内容要对现实中存在的各类合作经济组织分别予以专章规定，满足其特殊的实践需求。在中国市场经济活动中发挥过各类作用的农民专业合作社、信用合作社、供销合作社等均可以通过专章的形式在此部分予以罗列。立法应当明确，如果存在各类合作经济组织的特别规定，应当优先适用第三部分的特别规定；如果不存在特别规定，则应当适用前两部分有关

[1] 刘大洪、邱隽思：“我国合作经济组织的发展困境与立法反思”，载《现代法学》2019 年第 3 期。

[2] 刘大洪、邱隽思：“我国合作经济组织的发展困境与立法反思”，载《现代法学》2019 年第 3 期。

合作经济组织的一般规定和基本规定；如果现实中产生了"无名合作社"，即特别规定中未列明的新型合作社，则也应当适用一般规定和基本规定。

最后，在完成上述有关农村集体经济组织和农村合作经济组织的立法保障后，还应当对现实中针对这些农业生产者联合组织的政府扶持措施进行调整和完善。总体而言，应当适度纠正政府在扶持各类农村经济组织时存在的"嫌贫爱富"倾向，尽可能以普惠式的方式实施优待政策。实践中，地方政府倾向于对规模较大、成员较多或GDP贡献量大的合作社或其他农村经济组织施加特殊的财政补贴、税收返还或其他优惠措施，这会进一步激励各类"假合作社"的产生。只有从政策层面祛除此类倾向，才能进一步确保被赋予反垄断法适用除外资格的各类农业生产者联合组织是"名副其实"的，反垄断法农业适用除外制度的既定功能才得以实现。

本章小结

本章以我国反垄断法农业适用除外制度的改进方案为研究内容，通过本章的分析，主要对反垄断法农业适用除外制度得出以下三方面的研究结论。

第一，关于我国反垄断法农业适用除外制度改进的指导思想。我国反垄断法农业适用除外制度的修正应当注重产业法与竞争法的良性互动，应通过农业适用除外制度精准划分农业产业法和竞争法彼此发挥作用的空间：对于上游农业生产者及其竞争行为，应当主要交由产业法发挥扶持、保护之作用；而对于下游农产品流通商及其竞争行为，则应当主要交由竞争法发挥规范、限制之功能。

第二，关于我国农业市场竞争法律制度的具体改进方案。应当修正现行《反垄断法》第69条，将反垄断法农业适用除外制度的主体要件明确为"农业生产者及其联合组织"，将行为要件明确为"在农产品生产、加工、销售、运输、储存等经营活动中达成的协议、决定或者协同行为”，并单独设置第二款对农业生产者联合组织等概念的内涵和外延作出明确说明。在此基础上，应当通过制定执法指南和相关主管部门协作的形式，健全农业领域反垄断执法机制；并通过识别农产品流通领域限制竞争行为基本表现和危害的形式，明确农业领域反垄断执法的实施重点；废除《价格法》第 14 条，改变农产品流通市场竞争执法中存在的“向《价格法》逃逸”现象，并在此基础上健全农产品价格水平的监测与调节制度，确保农产品价格水平的整体稳定。

第三，关于我国农业产业法规体系的配套改革。首先，应当修正和完善《农业法》第四章关于农产品流通的法律保障制度，并对我国农产品流通市场的行政管理制度开展公平竞争审查。其次，应当健全我国农业生产者联合组织的法律体系，尽快制定“农村集体经济组织法”，并在《农民专业合作社法》框架基础上制定“合作经济组织法”，并对现实中针对各类农业生产者联合组织的政府扶持措施进行调整和完善。

结　语

反垄断法农业适用除外制度对农业产业法和竞争法彼此发挥作用的空间进行了厘定：在适用除外的制度范围内，应主要发挥国家对农业的产业管制、产业扶持等公共政策的作用；而在适用除外的制度范围外，反垄断法仍有必要对农业生产经营活动保留必要的威慑。从这个角度而言，反垄断法农业适用除外制度俨然一把“双刃剑”，如果其界定的范围过窄，将会影响农业产业法律制度对农业生产者的倾斜性保护功能；如果其界定的范围过宽，又会令一些农产品流通商的限制竞争行为难以受到有效规制，不利于维护农业生产经营活动的公平竞争秩序。

我国《反垄断法》第69条主要存在的问题是：它使用了一些内涵并不清晰的语言对适用除外制度进行界定，如“农村经济组织”“联合或者协同行为”等，这导致我国的反垄断法农业适用除外制度具体范围并不明确。执法者更倾向于对该条做扩张性的理解，以致第69条常被误解为“农业整体不适用《反垄断法》”，这很大程度上限制了我国农业领域反垄断执法的有效展开。实践中，针对农产品流通领域的一些限制竞争行为，除了可以通过适用《价格法》执法的部分价格垄断案件以外，罕见真正意义上的反垄断执法。该情形一定程度上加剧了农业产业环境“上游弱、下游强”的固有特征，部分农产品流通商利用其在农产品适销渠道中的优势地位，通过实施限制竞争行为的形式，对农业生产者和消费者进行高价盘剥，扭曲了我国农业市场的有效竞争环境。

本书在综合分析反垄断法农业适用除外制度的基本内涵、理论基础、功能定位、构成要件、国外立法经验和国内实施现状的基础上，提出了准确界定反垄断法农业适用除外制度主体要件和行为要件的方案，并在此基础上为我国反垄断法农业适用除外制度的改进和完善提出了一整套系统建议。

本书认为，对于反垄断法农业适用除外制度的主体要件，应当主要赋予农业生产者及其联合组织适用除外资格。具体来说，我国反垄断法农业适用除外制度的适格主体主要有：（1）农业生产者；（2）以解决农业生产者集体需求或农村其他公共利益需求为主要职能的公共组织，包括农村集体经济组织、村民小组和农村基层群众性自治组织；（3）主要由农业生产者或农村集体经济组织组成或投资设立的，以农业生产经营活动为主要业务的乡镇企业、乡村集体所有制企业；（4）各类符合农业生产者联合组织特征与制度要求的农村合作经济组织。而对于反垄断法农业适用除外制度的行为要件，本书认为，应以垄断协议为唯一适格行为，农业领域的滥用市场支配地位、经营者集中和行政性垄断均不适宜纳入反垄断法适用除外范畴；另外，对垄断协议中由农产品流通商利用相对优势地位缔结和实施的纵向限制，亦不应享有反垄断法适用除外地位。

在上述反垄断法农业适用除外制度构成要件的基础上，本书认为，应当通过综合修订竞争法律制度与农业产业法规的形式，促进我国反垄断法农业适用除外制度的整体完善。首先，应当修正现行《反垄断法》第69条，将反垄断法农业适用除外制度的主体要件明确为“农业生产者及其联合组织”，将行为要件明确为“在农产品生产、加工、销售、运输、储存等经营活动中达成的垄断协议”。在此基础上，应当通过制定执法指南、加强相关主管部门协作、完善农产品流通价格水平监测与调节制度的形式，健全农业领域的反垄断执法机制，实现对农产品流通过程中限制竞争行为的有效规制。其次，应当对我国的农业产业法规体系进行配套改革。应当修正和完善《农业法》第四章关于农产品流通的法律保障制度，并对我国农产品流通市场的行政管理制度开展公平竞争审查；应当健全我国农业生产者联合组织的法律体系，尽快制定“农村集体经济组织法”，并在《农民专业合作社法》框架基础上制定“合作经济组织法”，并对现实中针对各类农业生产者联合组织的政府扶持措施进行调整和完善。

希望本书达成的有关反垄断法农业适用除外制度的改进建议能够为相关修法活动提供政策参考，切实促进我国反垄断法律制度的整体完善和我国农业市场竞争环境的优化发展。

参考文献

[1] 刘大洪 . 经济法学 [M] . 北京：中国法制出版社，2007.

[2] 刘大洪 . 法经济学视野中的经济法研究 [M].2 版 . 北京：中国法制出版社，2008.

[3] 李昌麒 . 经济法学 [M].3 版 . 北京：法律出版社，2016.

[4] 张文显 . 法理学 [M].4 版 . 北京：高等教育出版，2011.

[5] 种明钊 . 竞争法 [M] . 2 版 . 北京：法律出版社，2009.

[6] 刘继峰 . 竞争法学 [M] . 2 版 . 北京：北京大学出版社，2016.

[7] 王晓晔 . 反垄断法 [M] . 北京：法律出版社，2011.

[8] 孔祥俊 . 反垄断法原理 [M] . 北京：中国法制出版社，2001.

[9] 林艳萍 . 发展中国家十国竞争法研究 [M] . 北京：北京大学出版社，2010.

[10] 时建中 . 三十一国竞争法典 [M] . 北京：中国政法大学出版社，2009.

[11] 时建中 . 反垄断法——法典释评与学理探源 [M] . 北京：中国人民大学出版社，2008.

[12] 于良春 . 转轨经济中的反行政性垄断与促进竞争政策研究 [M]. 北京：经济科学出版社，2011.

[13] 刘桂清．反垄断法中的产业政策与竞争政策［M］．北京：北京大学出版社，2010.

[14] 钟刚．反垄断法豁免制度研究［M］．北京：北京大学出版社，2010.

[15] 黄进喜．反垄断法适用除外与豁免制度研究——以产业政策与竞争政策的冲突与协调为视角［M］．厦门：厦门大学出版社，2014.

[16] 刘督．反垄断法农业豁免制度研究［M］．北京：知识产权出版社，2012.

[17] 全国人大常委会法制工作委员会经济法室．反垄断法条文说明、立法理由及相关规定［M］．北京：北京大学出版社，2007.

[18] 肖竹．竞争政策与政府规制——关系、协调及竞争法的制度构建［M］．北京：中国法制出版社，2008.

[19] 金河禄，蔡永浩．中韩两国竞争法比较研究［M］．北京：中国政法大学出版社，2012.

[20] 古红梅．纵向限制竞争的反垄断法规制［M］．北京：法律出版社，2011.

[21] 鲁篱．行业协会限制竞争法律规制研究［M］．北京：北京大学出版社，2009.

[22] 宾雪花．产业激励的反垄断边界研究［M］．北京：法律出版社，2017.

[23] 戚聿东，柳学信．自然垄断产业改革：国际经验与中国实践［M］．北京：中国社会科学出版社，2009.

[24] 任大鹏．农业法学［M］．北京：法律出版社，2018.

[25] 李昌麒，吴越．农业法学［M］．北京：法律出版社，2015.

[26] 陈叶兰．农业法与公共政策［M］．北京：中国农业出版社，2013.

[27] 农业部软科学委员办公室．农业产业政策与农业宏观调控［M］．北京：中国财政经济出版社，2010.

[28] 倪瑛．西部地区农村金融发展研究：问题、现状和路径［M］．北京：

科学出版社，2016.

［29］张晓山，何安耐 . 农村金融转型与创新——关于合作基金会的思考［M］. 北京：社会科学文献出版社，2007.

［30］张元红，张军，李静，等 . 中国农村民间金融研究——信用、利率与市场均衡［M］. 北京：社会科学文献出版社，2012.

［31］孙晓红 . 合作社立法模式问题研究［M］. 北京：知识产权出版社，2012.

［32］陈岷，赵新龙，李勇军 . 经济法视野中的合作社［M］. 北京：知识产权出版社，2016.

［33］丹尼尔 · F. 史普博 . 管制与市场［M］. 余晖，何帆，钱家骏，等译 . 上海：格致出版社，上海三联书店，上海人民出版社，2008.

［34］罗尔夫 · 施托贝尔 . 经济宪法与经济行政法［M］. 谢立斌，译 . 北京：商务印书馆，2008.

［35］［美］W. 基普 · 维斯库斯，小约瑟夫 · E. 哈林顿，约翰 · M. 弗农 . 反垄断与管制经济学［M］.4 版 . 陈甬军，覃福晓，等译 . 北京：中国人民大学出版社，2010.

［36］欧内斯特 · 盖尔霍恩，威廉姆 · 科瓦契奇，斯蒂芬 · 卡尔金斯 . 反垄断法与经济学［M］.5 版 . 任勇，邓志松，尹建平，译 . 北京：法律出版社，2009.

［37］霍温坎普 . 联邦反托拉斯政策：竞争法律及其实践［M］. 3 版 . 许光耀，江山，王晨，译，北京：法律出版社，2009.

［38］理查德 · A. 波斯纳 . 反托拉斯法［M］. 2 版 . 孙秋宁，译 . 北京：中国政法大学出版社，2003.

［39］理查德 · A. 波斯纳 . 法律的经济分析［M］. 7 版 . 蒋兆康，译 . 北京：法律出版社，2012.

［40］G. J. 斯蒂格勒 . 经济学［M］. 姚开建，等译 . 北京：中国人民大学出版社，1997.

[41] 亚当·斯密.国民财富的性质和原因的研究（上、下）[M].北京：商务印书馆，1981.

[42] 程卫东，李靖堃，编译.欧洲联盟基础条约——经《里斯本条约》修订[M].北京：社会科学文献出版社，2010.

[43] 韩伟，编译.美欧反垄断新规选编[M].北京：法律出版社，2016.

[44] 刘大洪.论经济法上的市场优先原则：内涵与适用[J].法商研究，2017（2）.

[45] 刘大洪，段宏磊.谦抑性视野中经济法理论体系的重构[J]，法商研究，2014（6）.

[46] 刘大洪，谢琴.自然垄断行业改革研究——从自然垄断行业是否为合理垄断的角度出发[J].法学论坛，2004（4）.

[47] 刘大洪，殷继国.论行政垄断的行政法规制——兼评反垄断法说[J].安徽大学法律评论，2006（1）.

[48] 刘大洪，邱隽思.我国合作经济组织的发展困境与立法反思[J].现代法学，2019（4）.

[49] 邱隽思.农业产业法与竞争法关系的审视与重构——以农业供给侧改革为分析背景[J].山西农业大学学报（社会科学版），2018（1）.

[50] 邱隽思，段宏磊.中国农业反垄断执法的省思与改进——基于对《反垄断法》第56条的再审视[J].学习与实践，2019（1）.

[51] 陈兵.我国农业利益的竞争法保护路径探析——兼谈反垄断法农业适用除外制度之改进[J].学术论坛，2013（6）.

[52] 陈兵.农产品市场竞争秩序的法律维护——以竞争法治文化建设为中心[J].武汉理工大学学报（社会科学版），2013（4）.

[53] 陈兵.优化我国农业产业发展与市场自由竞争协调论纲——由农产品不当高价引发的思考[J].南京大学法律评论，2013（2）.

[54] 陈兵.论农业产业政策与竞争政策的协调——以农业产业法规与反垄断法农业适用除外制度之关系补正为中心[J].江汉论坛，2013（4）.

［55］只升敏，周智高．关于加强小品种农产品价格调控监管的思考［J］．价格理论与实践，2010（8）．

［56］朱玲．中国农业现代化中的制度尝试：国有农场的变迁［J］．经济学动态，2018（2）．

［57］孙晋．反垄断法适用除外制度构建与政策性垄断的合理界定［J］．法学评论，2003（3）．

［58］林燕平．反垄断法中的适用除外制度比较［J］．法学，1997（11）．

［59］应品广．经济衰退时期的竞争政策：历史考察与制度选择［C］//顾功耘，罗培新．经济法前沿问题（2011），北京：北京大学出版社，2011.

［60］张杰斌．特定行业的《反垄断法》适用研究——《中华人民共和国反垄断法》第七条评析［J］．北京化工大学学报（社会科学版），2007（4）．

［61］江玉蓉．工会垄断需要反垄断法规制吗？——以反垄断法的适用为视角［J］．经济法学评论，2017（2）．

［62］班小辉．论雇主联合限制竞争雇员的反垄断规制——美国法为视角［J］．武大国际法评论，2016（2）．

［63］吴琼．农业产业化发展与反垄断法农业豁免的协调［J］．农业经济，2018（12）．

［64］李长健，杨莲芳．三权分置、农地流转及其风险防范［J］．西北农林科技大学学报（社会科学版），2016（4）．

［65］冯辉．产业法和竞争法的冲突与协调［J］．社会科学家，2010（12）．

［66］曹胜亮．我国行业协会限制竞争行为规制路径的反思与重构［J］．法学论坛，2019（2）．

［67］徐士英．行业协会限制竞争行为的法律调整——解读《反垄断法》对行业协会的规制［J］．法学，2007（12）．

［68］张占江．竞争倡导研究［J］．法学研究，2010（5）．

［69］龙俊．滥用相对优势地位的反不正当竞争法规制原理［J］．法律科学，2017（5）．

[70] 王晓晔. 论滥用"相对优势地位"的法律规制[J]. 现代法学，2016（5）.

[71] 朱理. 滥用相对优势地位问题的法律规制——虚幻的敌人与真实的危险[J]. 电子知识产权，2016（6）.

[72] 李剑. 论结构性要素在我国《反垄断法》中的基础地位——相对优势地位滥用理论之否定[J]. 政治与法律，2009（10）.

[73] 吴秀荣. 世界主要国家对滥用相对优势地位的规制及给我国的立法启示[J]. 中国物价，2018（11）.

[74] 王亚南. 滥用相对优势地位问题的反垄断法理分析与规制——以大型零售企业收取"通道费"为切入视角[J]. 法学杂志，2011（5）.

[75] 段宏磊. 中国反垄断法适用除外的系统解释与规范再造[J]. 社会科学，2018（2）.

[76] 段宏磊. 农产品流通竞争环境的现状审视与反垄断法规制改进[J]. 法学论坛，2019（2）.

[77] 段宏磊. 供给侧改革视野下我国农村合作金融的法制改进[J]. 山西农业大学学报（社会科学版），2018（2）.

[78] 杨凤祥. 转售价格维持的反垄断法规制[D]. 武汉：中南财经政法大学，2016.

[79] 陈润根. 我国行业协会限制竞争行为反垄断法规制范式的反思与改进[D]. 武汉：中南财经政法大学，2019.

[80] 温宏建. 纵向限制的经济学与法学意义[J]. 首都经济贸易大学学报，2005（2）.

[81] 于左. 中国农产品价格过快上涨的垄断因素与公共政策[J]. 中国价格监管与反垄断，2014（5）.

[82] 战英杰，申秋红. 影响我国农民收入的因子分析[J]. 东北农业大学学报，2010（4）.

[83] 李亮国. 农业反垄断法适用除外的农产品经营活动研究[J]. 改革与

战略，2017（6）.

[84] 陈晓军．论互益性法人［J］．比较法研究，2008（3）.

[85] 陈晓军．农村集体经济组织法人的设立与变更［J］．人民法治．2019（7）.

[86] 韩俊英．《农村集体经济组织法》的立法路径与方案设计［J］．农村经济，2019（2）.

[87] 李瑞芬．国内外农业行业协会发展的比较与启示［J］．世界农业，2008（2）.

[88] 谭启平，应建均．"特别法人"问题追问——以《民法总则（草案）（三次审议稿）》为研究对象［J］．社会科学，2017（3）.

[89] 刘倩，赵慧峰，苏红娟．政府促进农民专业合作社发展的动因与职能分析［J］．农业经济，2008（3）.

[90] 潘劲．中国农民专业合作社：数据背后的解读［J］．中国农村观察，2011（10）.

[91] Weld LDH. The Marketing of Farm Products［M］. New York：Macmillan，1916.

[92] Nilabja Ghosh. India's Agricultural Marketing［M］. India：Springer Intia，2013.

[93] Brian R How. Marketing Fresh Fruits and Vegetables［M］. New York：Springer US，1991.

[94] Chopra Narayan. Cooperatives and Sustainable Development：a Case Study of Dairy Cooperatives［J］. Golden Research Journal，2012（3）.

[95] Wooseung Jang，Cerry M Klein. Supply Chain Models for Small Agricultural Enterprises［J］. Annals of Operations Research，2011（9）.

[96] R Shyam Khemani. Application of Competition Law：Exemptions and exceptions［R］. New York and Geneva：UNCTAD/DITC/CLP/Misc.25，2002，1.

[97] David P. Claibome. The Perils of the Capper-Volstead and Its Judicial Treatment：Agricultural Cooperation and Integrated Farming Operations［J］.

Willamette Law Review, VOL.38, 2002.

[98] Donald A. Frederick. Antitrust Status of Farmer Cooperatives: The Story of the Capper–Volsted Act[J]. Cooperative Information Report 59, 2002(9).

[99] Iwakazu TAKAHASHI. Anti–Monopoly Act Exemptions in Japan [J]. August 8, 2003, The Specific Workshop between the Drafting Committee on Competition Law of Vietnam and the Japan Fair Trade Commission.

[100] Yael Kachel, Israel Finkelshtain. The Agricultural Exemption from Antitrust Regulation: A License for Cartel or a Necessary Evil for Cooperation? [EB/Ol] .http: //departments.agri.huji.ac.il/economics/en/events/israel–anti–paper.pdf, 2009.

[101] Arie Reich. The Agricultural Exemption in Antitrust Law: A Comparative Look at the Political Economy of Market Regulation [J] . Texas International Law Journal, VOL. 42.

[102] International Co–operative Alliance. Statement on the Co–operative Identity. adopted in Manchester (UK) 23 September 1995 [EB/R] . http: //www.gdrc.org/icm/coop–principles.html.

[103] Chopra Narayan. Cooperatives and Sustainable Development: a Case Study of Dairy Cooperatives [J] . Golden Research Journal, 2012, (3) .